国家社会科学基金教育学青年课题"高水平应用型大学的建设内涵与实施路径研究"（课题批准号：CIA210276）

大学生学习活动质量研究

胡万山　著

中国言实出版社

图书在版编目（CIP）数据

大学生学习活动质量研究 / 胡万山著. -- 北京：
中国言实出版社，2023.12
ISBN 978-7-5171-4630-8

Ⅰ.①大… Ⅱ.①胡… Ⅲ.①大学生—学生生活—研
究—北京 Ⅳ.①G645.5

中国国家版本馆CIP数据核字（2023）第206342号

大学生学习活动质量研究

责任编辑：张天杨
责任校对：王建玲

出版发行：中国言实出版社
　　　地　址：北京市朝阳区北苑路180号加利大厦5号楼105室
　　　邮　编：100101
　　　编辑部：北京市海淀区花园路6号院B座6层
　　　邮　编：100088
　　　电　话：010-64924853（总编室）　010-64924716（发行部）
　　　网　址：www.zgyscbs.cn　电子邮箱：zgyscbs@263.net

经　销：新华书店
印　刷：北京虎彩文化传播有限公司
版　次：2024年4月第1版　　2024年4月第1次印刷
规　格：710毫米×1000毫米　　1/16　　16.5印张
字　数：164千字

定　价：68.00元
书　号：ISBN 978-7-5171-4630-8

前　言

　　党的二十大报告明确要求："坚持以人民为中心发展教育，加快建设高质量教育体系。"习近平总书记在中共中央政治局第五次集体学习时进一步强调"建设教育强国，龙头是高等教育"，要"不断提升原始创新能力和人才培养质量"。质量是高等教育的生命线，提高质量是高等教育改革发展的核心任务。人才培养质量是高等教育质量的主要表征因素，而人才培养质量又取决于学生在大学期间参与的学习活动质量，大学生学习活动质量是高等教育质量的重要影响因素。新时代，密切关注大学生学习过程，要以提高大学生学习活动质量为抓手，带动大学人才培养质量提升、推进高等教育强国建设，既是坚持以人民为中心发展教育的应有之义，也是提升大学人才培养质量、建设高质量教育体系的本质要求。

　　本研究紧紧围绕"大学生学习活动质量"这一核心主题，在明确研究意义、研究思路、研究内容、研究方法、核心概念的同时，对国内外大学生学习活动质量相关研究进行了系统梳理，并结合已有研究提出了本研究的理论分析框架。在理论框架的指引下，对我国大学生学习活动质量进行了实证调研，并深入分析了我国大学生学习活动质量基本状况与影响因素。在明确已有研究状况、把握我国实践问题及影响因素的基础上，提出了大学生学习活动质量的提升路径。

大学生学习活动质量是指大学生在大学学习生活中，对旨在获取知识经验和促进自身发展的各种学习活动的参与的有效程度，其核心是学生在学习活动中参与和努力的质量，衡量标准是学习收获的大小。关注大学生学习活动、提高大学生学习活动质量，是落实国家教育政策的基本要求、破解高等教育发展难题的基本途径、提升高等教育质量的内在需要、回应世界高等教育发展趋势的必然选择，研究大学生学习活动质量相关问题具有重要理论意义与实践价值。

国内外已有相关研究成果，对大学生学习活动质量状况与影响因素进行了大量理论分析与实证调研。对大学生学习活动质量状况的调查研究，国内外已经形成了包括"大学生就读经验调查""大学生学习投入调查""大学生学习成果评估"等大规模调研项目在内的代表性研究团队，其对世界不同国家、不同地区、不同类型的大学生学习状况都进行了调查研究，研究结论因调查对象的差异也有所不同。对大学生学习活动质量影响因素的研究，国内外研究者主要从学生主客观的个体因素与主客观的环境因素 4 个角度，探讨了相关因素对大学生学习活动质量的影响。国内外已有相关研究成果，为本研究的深入开展奠定了坚实基础。已有研究在研究视角上的创新、研究对象上的差异、研究内容上的深入、研究方法上的丰富，为本研究留下了较为广阔的探索空间。

"学生参与度理论"和"3P理论模型"对本研究搭建理论分析框架具有重要启示。"学生参与度理论"在关注学生投入学习活动实践中的时间和精力的同时，也强调支持性校园环境对大学生学习活动和学习收获的重要影响作用。"3P理论模型"认为，前置因素（Presage）、过程因素（Process）、结果因素（Product）共同影响和决定着学生的学习行为方式和最终学习结果，前置因素中的客观个体因素和客观学习环境、过程因素中的主观个体因素和感知的学习环境，都或直接或间接地影响着学生的学习结果。将两个理论综合起来，得到了基于学生学习参与度和学习收获的大学生学习活动质量判断标准，以及基于学生客观个体变量与感知的校园环境变量的大学生学习活动质量影响因素分析依据。在理论框架的指引下，进一步厘清了本研究的研究内容、研究思路、实证调研方案。

通过对大学生学习活动质量状况的实证调研分析发现：（1）大学生学习活动质量总体处于中等水平且个体差异较大，大学生学习活动质量在不同学习活动类型上表现出了一定的差异性；具体来说，大学生在课程学习、利用计算机及信息技术相关的学习活动中学习质量较高，在利用图书馆、生师相处经验相关的学习活动中学习质量较低。（2）大学生学习活动质量在年级、生源地、是否是独生子女、父母最高学历维度上有显著差异，在性别维度上无显著差异。在各变量内部，大四年级、城市生源、是独生子女、父母学历较高学生的学习活动质量也比较高。

通过对大学生学习活动质量影响因素的实证分析与质性访谈发现：（1）学生客观个体变量中的是否担任学生干部、是否深造、兴趣爱好类别、生源地、在大学期间是否恋爱、年级这6个子变量，以及感知的校园环境变量中的学生感知学校对学术环境的重视、对人际环境的重视、对实用环境的重视3个子变量，都对学习活动质量有直接影响，且感知的校园环境变量整体影响更大；（2）在客观个体变量上，学生的兴趣爱好类别和是否深造两个子变量对学习活动质量的影响最大，在感知的校园环境变量上，学生感知的学校对学术环境的重视影响最大；（3）学生客观个体变量的各子变量，都会通过感知的校园环境变量的不同子变量，对学习活动质量产生间接影响；（4）学生学习积极性和主动性是影响学习活动质量的重要因素。

基于对大学生学习活动质量基本状况与影响因素的分析和讨论，为从根本上促进大学生学习活动质量的持续提升，大学教育综合改革需在深化理解大学生学习活动内涵与外延的基础上，聚力提升学生学习积极性和学习参与度、注意营造支持性的校园文化环境和氛围、探索促进学生养成主动参与的学习模式。

目　录

第一章 大学生学习活动质量研究背景

大学生学习活动既是大学人才培养的主要载体，也是大学生学习知识技能、获得长远发展的重要依托。当前，在我国全面深化教育综合改革、聚力教育强国建设背景下，密切关注大学生学习状况，聚焦学习活动过程实际状况及影响因素，探索提升大学生学习活动质量的实践路径具有重要意义。该部分内容，在深刻揭示选题缘起的基础上，全面分析了本研究的理论意义与实践价值，厘清了核心概念、研究思路、研究内容与研究方法，为后续研究的深入开展奠定基础。

第一节 选题缘起

大学生学习活动质量是高等教育质量的根本观测指标，在世界各国高度关注大学生学习情况、聚力建设高质量高等教育体系的共性趋势下，多措并举提高大学生学习活动质量是新时代我国高等教育改革发展的新任务。

一、大学生学习活动质量是高等教育质量和效能的重要观测标准

高等教育质量和效能有很多评价指标，大学生学习活动质量作为大学人才培养质量的核心评价指标，也是高等教育效能的重要观测标准。从大学职能看，尽管目前学界公认的大学职能包括人才培养、科学研究、社会服务、文化传承与创新、国际交流与合作这五项，但人才培养既是其中最基础、最核心、最关键的职能，也是大学区别于专门科研机构的重要特征。从国内外主流大学排行榜的评价指标看，虽然不同的大学排行榜在评价指标上各有所侧重，但基本都将生源情况、教学情况、毕业生就业情况等人才培养状况作为重要观测标准（刘召鑫，韩菲尹，2014）。[①] 这都反映了人才培养是大学的根本任务，人才培养质量是高等教育质量的重要评价标准。那么，在实践中到底该拿什么来衡量大学的人才培养质量呢？回顾世界各国对大学人才培养质量的关注点，逐渐由学校办学外部资源条件转向内部教育教学质量、由教师"教"的质量转向学生"学"的质量、由学生学习成果转向学习过程与成果并重，大学生学习质量成为评价大学人才培养质量的核心指标。而从学生实际学习过程看，大学生的学习正是在各种各样的学习活动中发生的，大学人才培养本质上就是通过促进大学生参与各种学习活动来

[①] 刘召鑫，韩菲尹. 系统与整合：中外高等教育评价指标体系的比较分析 [J]. 重庆高教研究，2014，2（5）：88-95.

促进学生学习和发展的过程。可以说，大学生学习活动质量对学习质量具有决定性影响，从根本上反映着学校人才培养质量和办学质量，只有大学生学习活动质量得到了保障，学校人才培养质量和高等教育质量才能从根本上得到保障。

二、聚焦大学生学习活动质量是我国一系列政策文件的最新导向

关注大学生学习活动质量是新时代国家教育政策的最新导向，国家一系列政策文件释放出了聚焦大学生学习过程、提高大学生学习活动质量的强烈信号。2010年《国家中长期教育改革和发展规划纲要（2010—2020年）》提出注重学思结合、知行统一、因材施教的改革思路，不断创新人才培养模式的改革任务。2012年，《教育部关于全面提高高等教育质量的若干意见》要求高校不断改革教学管理，探索实施教师指导下的学生自主学习模式，更加注重学生学习过程考查和能力评价。2018年，教育部、财政部、国家发改委联合发布《关于高等学校加快"双一流"建设的指导意见》，明确了改革学习评价制度，激励学生自主学习、奋发学习、全面发展的改革目标；《教育部关于加快建设高水平本科教育全面提高人才培养能力的意见》（新时代"高教40条"）进一步强调要坚持"学生中心，全面发展"基本原则，以促进学生全面发展为核心，改革教学管理制度、推动课堂教学革命、加强学习过程管理、强化管理服务育人。2019年，《教育部办公厅关于实施一流本科专业建设"双万计划"的通知》继续要求坚持以学生为中心，促进学生全面发展，有效激发学生学习兴趣和潜能，并在《教育部关于深化本科教育教学改革全面提高人才培养质量的意见》和《教育部关于一流本科课程建设的实施意见》中强调课程教学改革要提升高阶性、突出创新性、增加挑战度，通过改革教学方法让课堂活起来，通过科学评价让学生忙起来。新时代，全面落实国家政策要求，关注大学生学习过程、提升大学生学习活动质量是我国高等教育改革发展的重要任务。

三、提升大学生学习活动质量是破解高等教育发展难题的基本途径

提高大学生学习活动质量是提升高等教育质量的重要抓手，是高等教育突破发展瓶颈问题、提升发展内生能力的基本途径。近年来，在国家一系列重要政策文件的强力支持和引领下，在各大学扎根实践一线的深入改革探索中，我国大学生学习质量以及高等教育整体质量都得到了显著提升，但在实践中依然存在很多不足。调查发现，大学生普遍存在学习问题表现多样且成因复杂，学业上急功近利且学习动力不足，学习兴趣缺失且年级差异较大，对学习的认知发生质变、目标出现偏差，学习问题与心理困境相伴而生（程孝良，曹俊兴，2012）。[1] 在移动互联网时代的学习也还存在着网络降低信息甄别力和分散学习

---

[1] 程孝良，曹俊兴. 构建学习支持系统 提高大学生学习质量——基于 6 所高校大学生学习现状的调查与研究 [J]. 中国大学教学，2012，（12）：82-84.

专注力、屏读致使阅读能力衰减、"记忆外包"削弱记忆力、批判性学习思维缺乏、学术不端行为凸显等一系列新问题（韩福顺，林妍，2018）。[①] 这都容易使大学生形成"不会""不愿""不在乎"的学习态度与行为，最终选择学习边缘化的参与策略，学习效果也不显著（李蓉荣，程良宏，2021）。[②] 具体来说，在学习投入上，虽然大学生学习投入整体状况良好，但学生元认知策略和师生互动的得分相对较低，大学生学习投入度得分随年级呈现出"高—低—低—高"的趋势（汪雅霜，2013）。[③] 在学习收获上，大学生学习收获还存在着专业知识收获不足、大二和大三年级的学生学习收获显著低于大一和大四学生、分化的大学生群体与统一的培养方式间存在错位等问题（史秋衡，黄蕴蓓，2022）。[④] 当前，能否有效破解大学生学习问题、提升大学生学习活动质量，成为提升高等教育质量的关键一环。

四、关注大学生学习活动质量是世界高等教育改革发展的共性趋势

关注大学生学习状况、聚力提升大学生学习活动质量，顺

---

① 韩福顺，林妍.移动互联网时代大学生学习存在的问题及其解决策略 [J]. 教育理论与实践，2018，38（3）：42-44.

② 李蓉荣，程良宏.象牙塔中的局外人：大学生学习参与边缘化现象及其改善 [J]. 教育发展研究，2021，41（23）：46-53.

③ 汪雅霜.大学生学习投入度的实证研究——基于2012年"国家大学生学习情况调查"数据分析 [J]. 中国高教研究，2013，（1）：32-36.

④ 史秋衡，黄蕴蓓.我国大学生学习收获的结构性问题及战略导向 [J]. 教育发展研究，2022，42（23）：1-8.

应了世界高等教育改革发展的共性趋势。近年来，随着高等教育改革的不断深入和高等教育质量观的发展演变，世界各国对教育问题的关注逐渐由"教师中心"转向"学生中心"，从关注教师教学效能转向学生学习实际效果，"以学生为中心"的教育理念已经被世界各国普遍认同（吴洪富，韩红敏，2016）。[1] 表现在教育质量评估上，国际高等教育评估越来越重视对教师教学与学生学习实际过程的评估，将形成性评价作为提升大学生学习质量的重要途径（汪雅霜，付玉媛，2020）。[2] 在具体的大学生学习评价中，深度融入了评价即学习的理念，评价内容更加关注学生学习素养，评价方法从管理主义走向建构主义，更加强调教学与评价的一致性建构（夏欢欢，2022），[3] 重点关注大学生的学习体验和学习收获、大学以及教师对学生学习的支持度（俞佳君，2016）。[4] 例如，美国近年来大力推广的大学学习评价（Collegiate Learning Assessment，CLA）、学术能力和进步评价（Measure of Academic Proficiency and Progress，MAPP）、大学生就读经验调查（College Student Experiences Questionnaire，CSEQ）和全国大学生学习性投入调查（National Survey for

---

[1] 吴洪富，韩红敏 . 学生学习评价的国际性尝试："高等教育学习结果评价"解读 [J]. 现代教育管理，2016，（9）：97-101.

[2] 汪雅霜，付玉媛 . 近十年国际高等教育评估研究的现状、热点及趋势 [J]. 黑龙江高教研究，2020，38（3）：6-11.

[3] 夏欢欢 . 大学生学习评价的前沿趋势与中国路径 [J]. 中国高教研究，2022，（2）：42-47.

[4] 俞佳君 . 以学习为中心的评价研究：理论与方法述评 [J]. 黑龙江高教研究，2016，（12）：10-13.

Student Engagement，NSSE）等（黄琼萃，2011），[①] 集中关注学生个体因素、学习环境、学习参与、学习投入和学习经验等与大学生学习活动密切相关的要素。聚焦大学生学习活动质量相关问题顺应了世界教育评价的改革发展趋势。

第二节　研究意义

本研究以大学生学习活动为研究对象，试图在构建科学理论框架的基础上，准确把握我国大学生学习活动质量的基本状况、影响因素，并有针对性地提出提升大学生学习活动质量的对策建议，因此具有重要理论意义与实践价值。

一、理论意义

大学生学习活动理论是大学生学习理论，以及大学课程与教学理论的重要组成部分，甚至是核心组成部分，对大学生学习活动质量相关问题的探讨，不仅有助于丰富拓展大学生学习理论和大学课程与教学理论，而且有助于充实高等教育质量评估理论，为构建终身教育体系提供新的理论视角。

（一）丰富大学生学习理论

大学生学习活动质量的高低直接决定了其学习质量，进而影响着学校人才培养质量和办学整体质量。鉴于此，研究和构建大学生学习理论显得尤为重要。到目前为止，国内外研究

---

① 黄琼萃.大学生就读经验调查 [D].上海：上海师范大学硕士学位论文，2011：7.

者对学习理论进行了广泛且深入的探讨，提出了许多有代表性的学习理论。如国外注重强化刺激与反应连接的行为主义学习理论、强调学习内部心理机制的认知主义学习理论、关注学生积极主动建构知识的建构主义学习理论、重视学习情感因素的人本主义学习理论、强调观察学习的社会学习理论等（陈峥，2010），[①] 以及国内强调学习过程建立在智力因素与非智力因素相结合基础之上的学习理论、关注一般学习与元学习相结合的双机制学习理论、重视学生经验的接受—建构学习理论等（杨化刚，2008）。[②] 这些理论都十分关注大学生学习过程的发生原理和机制等问题，对于大学生学习方式甚至是大学课程教学改革都具有重要指导意义。在已有研究基础上，本研究深入剖析大学生学习活动理论要点和实践样态，并提出学习活动质量的影响因素，能够丰富大学生学习理论体系。

（二）拓展大学课程与教学理论

大学生学习活动与大学课程教学活动在本质上具有一致性，都是学校为了完成人才培养目标，有目的、有计划、有组织地实施人才培养活动。从某种意义上讲，大学生学习活动质量就反映着学校课程与教学的质量，最终表现在学校人才培养的质量上。当前，学术界对课程理论和教学理论的研究已经形成了一些有代表性的理论流派和学术观点，对大学课程教

---

① 陈峥.学习理论述评 [J].法制与社会，2010，(5)：218-219.
② 杨化刚.国内外学习理论研究述评 [J].河南职业技术师范学院学报（职业教育版），2008，(6)：53-55.

学活动和大学生学习活动的开展具有重要指导意义。课程理论流派，如强调以学科知识传授为核心的学科中心课程理论、以学生经验和需求为核心的学习者中心课程理论、以社会问题为核心的社会中心课程理论、以4R（丰富性、循环性、关联性、严密性）为核心的后现代课程理论、以构建适合学生自主学习情境为核心的人本主义课程理论等（季诚钧，2007）。[①] 教学理论流派，如注重知识学习的哲学取向教学理论、强调学习行为强化的行为主义教学理论、关注学生心理结构形成和改组的认知主义教学理论、重视非指导性教学的情感教学理论、强调促进学生主动意义建构的建构主义教学理论等（司晓宏，2016）。[②] 这些理论对学校课程教学活动和大学生学习活动的有效开展都具有十分重要的指导意义。在充分借鉴已有相关理论观点的基础上，本研究从大学生学习活动的角度探讨大学人才培养活动开展的有效方式，为拓展大学课程与教学理论贡献绵薄之力。

（三）充实高等教育质量评估理论

质量是高等教育的生命线。第二次世界大战以后，随着世界各国高等教育规模的急剧扩张，监测评估逐渐成为各国普遍采用的高等教育质量保障方式。经过长期的探索，世界各国都通过立法等方式明确大学对自身教学科研等工作进行自我评估，

---

① 季诚钧.大学课程概论[M].上海：上海教育出版社，2007：18-25.
② 司晓宏.中学教育学基础[M].西安：陕西师范大学出版总社有限公司，2016：138-143.

以及接受外部监督和定期评估的责任，建立高等教育质量保障机构并明确了其与政府、高校之间的责权关系，发布高等教育质量标准框架并对质量评估的类型和原则等作出规定，在具体的评估内容上更加注重学生发展、课程教学和自我改进（别敦荣，等，2018）。[①] 例如，英国近30年来的高等教育评估质量观经过了由侧重外部质量保障到强调内外部质量保障并重、由注重大学整体发展到强调学生学习质量、由重视社会效益到追求卓越教育的发展变迁，在高等教育评估中越来越重视教师教学和学生学习质量等学校内部教育质量（邱若宜，何丽花，2019）。[②] 我国高等教育评估起步于20世纪80年代，国家出台的《普通高等学校教育评估暂行规定》初步形成了高等教育质量监测评估基本思路和工作框架。目前，我国已建立起了学校自评、院校评估、专业认证、国际评估、教学基本状态数据常态化监测"五位一体"的高等教育教学监测评估体系。然而，当前我国所采用的本科教学质量评估指标仍主要集中于"资源、投入"范畴，对学生学习和发展过程的关注不够（韩亚菲，等，2023）。[③] 立足我国高等教育评估现实基础，借鉴世界高等教育评估发展趋势，本研究以大学生学习活动质量为核心关注点，

[①] 别敦荣，易梦春，李志义，等．国际高等教育质量保障与评估发展趋势及其启示——基于11个国家（地区）高等教育质量保障体系的考察 [J]．中国高教研究，2018，(11)：35-44.

[②] 邱若宜，何丽花．近30年英国高等教育质量评估中质量观的变革及启示 [J]．教育导刊，2019，(10)：90-96.

[③] 韩亚菲，杨振军，杨娟，刘娟．学生发展：本科教学质量监测评估的新视角 [J]．上海教育评估研究，2023，12（2）：45-50.

并进行理论分析与实证调研，能够有效充实我国高等教育评估理论。

（四）为构建终身教育体系提供理论视角

终身教育是当前世界各国普遍接受并广泛推行的一种教育理念。从世界范围的终身教育理念发展历程看，现代终身教育产生于20世纪20—40年代，先后经历了终身教育的现代复兴、现代终身教育体系的构建、现代终身教育的深化与拓展、终身教育面临的挑战与应答等几个主要发展阶段（何思颖，何光全，2019）。① 长期以来，在世界各国对终身教育的理论研究和实践探索中，终身教育逐渐作为一种国家战略被纳入各国的国民教育体系之中，成为世界教育改革发展的重要趋势。终身教育在我国作为一种国家战略始于20世纪末期，1993年《中国教育改革和发展纲要》从国家政策层面首次使用"终生教育"概念，并在1995出台的《中华人民共和国义务教育法》中明确提出了"促进各级各类教育协调发展，建立和完善终身教育体系"的教育改革目标（汤晓蒙，范冬清，2022）。② 近年来，国家对终身教育体系建设提出更加明确的要求，作出了一系列重大战略部署。《中国教育现代化2035》《国民经济和社会发展第十四个五年规划和2035年远景目标纲要》等政策文件再次强调了"构建服务全民终身学习的教育体系"目标，党的二十

---

① 何思颖，何光全.终身教育百年：从终身教育到终身学习 [J].现代远程教育研究，2019，（1）：66-77.

② 汤晓蒙，范冬清.中国终身教育国家战略的演进——内涵与实现 [J].终身教育研究，2022，33（1）：17-24.

大报告也指明了"推进教育数字化，建设全民终身学习的学习型社会、学习型大国"的新时代教育改革发展新任务。终身教育与终身学习紧密相关，从学习活动的角度看待个体学习行为，有助于从更大的视域拓宽个体学习时间和空间范围，促使个体将学校学习与自我终身学习相结合，为终身教育体系建设提供理论视角。

二、实践意义

从学习活动本身看，大学生学习活动问题既是一个理论问题又是一个实践问题。大学生学习活动质量直接决定着大学生学习状况的好坏，从而决定着学校人才培养质量和办学质量。鉴于此，厘清大学生学习活动真实状态、提升大学生学习活动质量，对于大学改革和长远发展都具有重要实践价值。

（一）厘清我国大学生学习活动质量真实状态

广泛收集大学生学习活动质量一手资料、把握我国大学生学习活动质量真实状态，既是深入探讨我国大学生学习活动质量、建构大学生学习活动质量分析理论框架的重要基础，也是国家相关教育行政部门以及大学制定相关政策的前提条件。然而，从现实情况看，我国大学不仅整体数量十分庞大，而且类型结构、科类结构多样，这都使得全面获取大学生学习活动质量一手资料、厘清不同类别大学生学习活动质量基本状态和典型特征面临着巨大挑战。在已有研究基础上，根据研究目标和研究内容，本研究以我国不同类型大学生为研究对象，以大学生学习活动质量为研究内容，借助实证调研工具，依据科学的抽样方法，对我国大学生学习活动质量基本状况进行抽样调查和深入访谈。一方面，通过数据统计分析了解我国大学生学习活动质量整体特征和不同类别大学生学习活动质量基本状况；另一方面，通过深入的访谈和座谈，进一步验证数据分析的相关结论，并了解背后的深层次原因及其对于提升大学生学习活动质量的建议。这可为大学生学习活动质量的理论探讨以及相关政策措施的制定提供可靠依据。

（二）改进高校大学生学习活动体系设计和实践模式

大学生学习活动既是大学人才培养的载体，也是大学生学习和发展的依托。从单个学习活动的特征看，尽管不同学习活动的总体目标一致，都是从不同侧面助力人才培养目标的实现，但每项学习活动的具体目标又有所差异，且每项学习活动的具体内容、组织形式、学生参与等都有所差异，所以如何做好每项学习活动，尤其是对学生学习和发展具有重大促进作用的学习活动设计显得尤为重要。从学校学习活动体系看，如何统筹不同学习活动类型之间的关系、怎样科学安排不同学习活动类型的开展顺序，以使学校各项学习活动发挥更大的育人效能，成为一个十分值得关注的问题。对此，本研究在系统梳理已有对大学生学习活动类型、特征、评价等相关文献的基础上，借助北京师范大学周作宇教授团队"中国大学生就读经验调查项目"的调研工具，采用其中普遍性较强和社会共识度较高的大学生学习活动类型划分方式，通过问卷调查获取大学生学习活动质量相关实证数据，分析不同类型学习活动对大学生学习和发展的促进作用，并提出大学生学习活动设计和改进的基本思路，助力提升大学生的学习活动质量。

（三）为提升大学生高等教育满意度提供实践抓手

大学生是高等教育的核心利益相关者，促进大学生全面发展是高等教育的出发点和落脚点，大学生高等教育满意度成为大学办学质量的重要观测指标。从实践来看，由于重视学生满意度不仅代表着大学对学生及其背后家庭的尊重，而且是当前国内外众多大学排名的重要指标之一，所以世界各国的高等教育机构都越来越重视大学生对高等教育的满意度。众多研究对我国不同地区、不同类型大学生的高等教育满意度进行了非常广泛的调查。然而，从我国大学生高等教育满意度的现实状况看，尽管多数研究都发现大学生对高等教育整体的满意度尚可，但也都还有较大的提升空间，且学生高等教育满意度也存在较大的结构性差异（杨兰芳，陈万明，2012；[1] 赵军，2013；[2] 高文涛，郝文武，2019[3]）。从理论上讲，影响大学生高等教育质量满意度的因素很多，但其中最为直接且影响最大的因素主要包括学生在校互动质量、向学/厌学态度、有效教学实践、课

---

[1] 杨兰芳，陈万明.基于结构方程的高校学生满意度实证研究——以江苏省八所高校本科生为例 [J].复旦教育论坛，2012，10（6）：29-35.

[2] 赵军.基于学生满意度的高校本科教学质量调查研究——以湖北三所高校为例 [J].教育研究与实验，2013，（5）：70-74.

[3] 高文涛，郝文武.高等师范院校学生满意度实证研究——基于西北五所师范院校的调查分析 [J].高教探索，2019，（10）：94-100.

程要求严格度、环境支持度等与学生学习过程紧密相关的因素
（刘丽娜，等，2016）。[①]大学生学习活动作为大学生学习和发
展中接触最多与最直接的因素，研究大学生学习活动，探讨改
善大学生学习活动体验、提升大学生学习活动质量的路径，有
助于进一步凸显学生的高等教育主体地位，提高大学生的高等
教育满意度。

（四）为一流大学和一流学科建设提供新的切入点

新时代，加快推进世界一流大学和一流学科建设是高等
教育改革发展的重要任务。自从 2017 年国家正式提出"双一
流"建设的战略性教育目标以来，"双一流"建设各项工作有
序推进、高等教育改革发展成效明显，当前我国已建成世界上
最大规模的高等教育体系，高等教育整体办学水平也已跃居
世界前列。2023 年 5 月 29 日，习近平总书记在中共中央政治
局第五次集体学习时强调"要把加快建设中国特色、世界一流
的大学和优势学科作为重中之重"，对新时期的"双一流"建
设提出了明确要求。在国家的总体规划，以及《教育部　财政
部　国家发展改革委关于深入推进世界一流大学和一流学科建
设的若干意见》等政策文件的统筹指引下，我国各高校都在改
革实践中聚焦学科建设这一关键环节，着重加强人才培养、科
学研究、成果转化、师资力量、文化传承等重点领域建设，并

---

① 刘丽娜，房绍坤，郝曙光，杜艳秋.地方本科院校教育质量学生满意度及影响
因素研究——基于 Y 大学 CCSS 的调查数据分析 [J].高等工程教育研究，2016，
（4）：105-111.

尝试在党的领导、内部质量机构、关键环节突破、国际交流合作、社会参与机制等方面进行创新和突破，改革成效十分显著（陈昊，周凤，2021）。[1] 然而，当前我国大学尤其是 985 大学的硬件资源已经是世界一流，但在人才培养上与世界一流大学相比还有较大差距，具体表现在学生批判性思维缺乏、基础不厚、口径不宽、跨学科程度弱、国际视野不足等方面（邬大光，2018）。[2] 关注大学生学习活动，以提高大学生学习过程质量为抓手推进高等教育质量提升，为新时期我国世界一流大学和一流学科建设提供了新的切入点。

第三节　研究思路、内容与方法

本研究以把握大学生学习活动质量基本状况及影响因素、探讨大学生学习活动质量提升路径为核心目标。借助文献法、问卷调查法、统计分析法、访谈法等混合式研究方法，在厘清大学生学习活动质量实际状况及影响因素的基础上，为提升大学生学习活动质量提供有针对性的对策和建议。

一、研究思路

本研究旨在把握我国大学生学习活动质量的基本状态，并分析影响其学习活动质量的主要因素，从而为大学生更加高效

---

[1] 陈昊，周凤.世界一流大学建设的路径选择——基于国内 42 所一流大学建设方案的 Nvivo 分析 [J].中国高校科技，2021，(5)：22-26.
[2] 邬大光.大学人才培养须走出自己的路 [N].光明日报，2018-06-19（13）.

地开展学习活动、提高学习活动质量，进而促进高等教育整体质量的提升提供相应的对策和建议。本研究围绕大学生学习活动质量这一中心，按照如下思路展开研究：

第一，结合已有相关研究和本研究的实际内容，本研究在清晰梳理和界定大学生学习活动质量内涵的基础上，对国内外已有的关于大学生学习活动质量的研究进行系统梳理，以确定本研究的切入点和突破口。

第二，通过对文献的大量阅读和对研究内容的深入分析，寻找深入开展大学生学习活动质量研究的理论依据，并通过对北京 13 所本科院校在校本科生的实证调研，获取研究需要的数据资料，为研究的顺利开展打下坚实基础。

第三，利用问卷调查的统计数据，采用描述统计和多元回归分析法把握大学生学习活动质量的基本状况。具体来说，利用描述统计法了解大学生学习活动质量的基本状态及其在不同类别大学生上的差异状况，并利用多元回归分析法了解大学生不同类型学习活动对学习收获的影响程度，进一步把握大学生学习活动质量的真实状况，加深对大学生学习活动质量的基本认识。

第四，采用逐步多元回归分析法、阶层多元回归分析法（Hierarchical Regression）和结构方程模型，从大学生客观的个体变量及其感知的校园环境变量两个方面，来分析其对学习活动质量的影响，着重分析其影响的大小和路径，明确大学生学习活动质量的具体影响因素和影响方式；并在实证分析之后，借助访谈分析法对研究结果进行验证与讨论，深入分析大学生学习活动质量的真实状况和影响因素。

第五，通过实证调研和分析，在准确把握大学生学习活动质量基本状况和影响因素的基础上，借助文献资料的研究和分析，结合我国大学教育实际状况，为促进大学生学习活动的有效开展和学习活动质量的提升提供对策建议。

二、研究内容

根据以上研究思路，本研究的研究内容主要包括以下四个方面：

第一，大学生学习活动质量的基本理论研究。首先，科学界定大学生学习活动质量的基本内涵。本研究在借鉴已有相关概念界定方式的基础上，科学确定大学生学习活动质量的本质内涵。其次，系统梳理大学生学习活动质量的已有研究。一方面，综述已有的关于大学生学习活动质量相关研究，找到本研究的切入点；另一方面，通过对文献的梳理和综述，为大学生学习活动质量研究寻找契合的理论依据，为后续研究的深入开展提供科学的理论基础。

第二，大学生学习活动质量的基本状况研究。本研究借助"中国大学生就读经验问卷"，以北京13所本科院校在读本科生为调查对象，在获取一手数据资料的基础上，采用描述统计法和逐步多元回归分析法，把握大学生学习活动质量的基本状况，并了解不同人口学变量上大学生学习活动质量的基本特征，如男女大学生学习活动质量的差异、不同年级大学生学习活动质量的差异、不同生源地大学生学习活动质量的差异、父母不同学历大学生学习活动质量的差异等。

第三，大学生学习活动质量的影响因素研究。在掌握了大学生学习活动质量基本状况的基础上，本研究试图挖掘和探究影响大学生学习活动质量的主要因素。本研究拟探讨大学生的客观个体变量及其感知的校园环境变量对学习活动质量的影响，探究大学生客观的个体变量和感知的校园环境变量对其学习活动质量的影响程度及影响路径，为探讨大学生学习活动质量提升路径奠定基础。

第四，提升大学生学习活动质量的对策研究。在借助问卷调查和访谈分析，准确把握大学生学习活动质量基本状况及其影响因素的基础上，通过对已有相关文献的梳理，为大学生学习活动质量的提升提供有针对性的对策建议。

三、研究方法

根据研究需要，本研究主要采用文献法、问卷调查法、统计分析法、访谈法等研究方法，为厘清实践问题、分析影响因素、探索改革路径打下坚实基础。

文献法主要用于对大学生学习活动质量的概念界定、对已有相关研究的系统梳理，以及对大学生学习活动质量研究理论依据的选择厘定。到目前为止，大学生学习活动质量的内涵并没有统一的定论，本研究对已有相关概念界定方式进行系统梳理，为科学界定大学生学习活动质量内涵奠定基础；大学生学习活动质量的相关研究十分丰富，通过对已有相关研究全面梳理与概括，找出了本研究的切入点；通过对相关文献的梳理和分析，找到与本研究相契合的理论依据。

问卷调查法主要用于获取本研究所需要的实证分析数据。鉴于分析大学生学习活动质量的基本状态和影响因素是本研究的主要内容，所以获取第一手的数据资料就成为研究深入推进的关键一环。本研究借助"中国大学生就读经验问卷"，对北京13所普通本科院校在读本科生抽样调查，收集研究所需要的第一手数据资料。在问卷调查的开展过程中，尽量协调学校的性质和类型，以及学生的性别、年级和专业等因素，以使调查的数据资料具有最大限度的代表性，科学而有效的数据资料为本研究后续的实证分析打下了坚实基础。

统计分析法主要用于对问卷调查数据资料的统计与分析，以把握我国大学生学习活动质量的基本状态和影响因素。对大学生学习质量状况进行分析，主要采用了描述统计法和逐步多元回归分析法。采用描述统计法，可了解我国大学生学习活动质量的整体状况，以及不同类别学生的差异状况；采用多元回归分析法，可把握不同类型学习活动对学习收获的影响程度，进一步明确大学生学习活动的实际质量状况。在对大学生学习活动质量影响因素进行分析时，则主要采用逐步多元回归法、阶层多元回归分析法和结构方程模型。通过采用逐步多元回归法了解影响大学生学习活动质量的主要因素，采用阶层多元回归分析法把握影响因素间的主次效应，再通过结构方程模型明确各影响因素影响大学生学习活动质量的大小和路径。

访谈法主要用于在实证分析的基础上，验证实证数据分析的结果，进一步了解大学生学习活动质量的真实状态和影响因素，以及填写问卷背后的真实想法。一方面，了解大学生对自身各种类型学习活动质量状况的评价，及其学习活动质量高低的原因；另一方面，了解大学生对客观个体变量和感知的校园环境变量对自身学习活动质量影响的大小和方式等的看法。以此为本研究更加深入地分析大学生学习活动质量状况及其影响因素提供更加真实的一手资料。

第四节　核心概念界定

任何研究的深入开展都需要明确研究中涉及的核心概念，只有明确界定核心概念，在明确的问题域内探讨研究主题，才能使研究更加科学规范。所以，明确大学生学习活动质量及其相关核心概念的基本含义，既是本研究深入开展的基础，也是本研究进行理论研究和实证分析的起点。本研究中的核心概念主要涉及三个方面，即大学生、大学生学习活动和大学生学习活动质量。

一、大学生

"学生"在《现代汉语词典》中的意思是"在学校读书的人"

或"向老师或前辈学习的人"（汉语大字典编纂处，2014）；① 在《当代汉语词典（国际华语版）》中也解释为"在校求学的人"或"向老师或前辈学习的人"（龚学胜，2007）。② 一般意义上讲，大学生是学生群体中的一种类型，大学生在《当代汉语词典（国际华语版）》中被解释为"在高等学校就读的学生"（龚学胜，2007），③ 而在国外《柯林斯 COBUILD 高阶英汉双解学习词典》中将大学生（Undergraduate Students）解释为 "A student at a university or college who is studying for his or her first degree"（在大学或学院攻读学士学位的学生）（［英］柯林斯出版公司，2011）。④ 从这二者对"大学生"内涵的界定来看，我们经常将大学和普通高等学校混用，而事实上这二者之间有很大的差异。这在 2002 年修订的《普通高等学校设置条例》中可窥见一斑，该条例中所称的普通高等学校是指，通过国家规定的专门入学考试招收高级中等教育毕业或具有同等学力的考生；实施高等学历教育的学校，具体包括全日制大学、独立设置的本科学院、高等专科学校和高等职业学校。此条例还明确规定了称为大学的普通高等学校应该具备的条件，其中，实施本科及以上教育、

---

① 汉语大字典编纂处 . 30000 词现代汉语词典 [Z]. 成都：四川出版集团·四川辞书出版社，2014：591.

② 龚学胜 . 当代汉语词典（国际华语版）[Z].北京：商务印书馆国际有限公司，2007：2106.

③ 龚学胜 . 当代汉语词典（国际华语版）[Z].北京：商务印书馆国际有限公司，2007：327.

④ ［英］柯林斯出版公司 . 柯林斯 COBUILD 高阶英汉双解学习词典 [Z].北京：外语教学与研究出版社，2011：128.

主要培养本科及以上的专门人才为首要条件。从这些分析中可以看出，大学和普通高等学校是有差异的，只有具备了一定条件的高等院校才能称为大学，大学主要培养的是本科及以上学历的专门人才（杨院，2014）。[①] 根据《教育部关于"十三五"时期高等学校设置工作的意见》中"以人才培养定位为基础，我国高等教育总体上可分为研究型、应用型和职业技能型三大类型"。其中，研究型主要指传统研究型大学，应用型主要指应用型本科院校，职业技能型主要指高等职业院校。在该分类方法的基础上，本研究中的大学生主要指传统研究型大学和应用型本科院校的在读本科大学生，既不包括传统研究型大学和应用型本科院校的在读研究生，也不包括高等职业院校的在读大学生。

二、大学生学习活动

"学习活动"是在心理学和教育技术领域十分常见的一个词组，但在教育学领域却并不经常被提到。这并不是因为教育学领域没有"学习活动"，而是因为学生的学习无处不在，教育研究者和实践者一般更倾向于将学生的学习称为"学习"或"学习行为"。在传统的教育学领域中"学习活动"这种提法，一般用来表示学生除课堂学习以外的学习行为，常见的提法有"课外学习活动"和"专题学习活动"等。从这些用法中可知，

---

① 杨院.大学生学习方式实证研究：基于学习观和课堂学习环境的探讨 [M].北京：教育科学出版社，2014：13-14.

我国教育领域传统上所称的"学习活动"一般暗含着"非课堂学习"和"非正式学习"的意思。那么"学习活动"的含义到底是什么呢？在心理学领域，学习一般被看成一个系统的心理和行为活动的过程。从心理学家对学习本质的探究看，他们往往倾向于从活动的角度去理解学习的本质。如有从学习活动的结果出发，认为个体的学习必须产生一定的结果（某种变化）才能被称为学习；有从学习活动操作过程的角度出发，这类定义主要强调作为过程的学习，因而也相应注重对学习过程的研究，强调学习过程中存在着不同的步骤和阶段；也有从活动论的角度出发，认为学习作为人类的一种认识活动，既包含活动的过程，也包含活动的结果，单纯强调其中的某一方面都是片面的，认为学习活动本质上是传递和掌握人类历史上所积淀下来的文化知识经验的活动系统（上海中小学课程教材改革委员会，2003）。[①] 在教育技术学领域，学习活动一般用来指促进个体学习过程的技术设计系统，如移动学习活动（黄荣怀，等，2009）、[②] 协作学习活动（余亮，黄荣怀，2014）[③] 等。

基于以上对"学习活动"相关概念的概括总结可知，学习活动在心理学和教育技术学领域分别指的是传递文化知识经

---

① 上海中小学课程教材改革委员会.学习活动 [M].上海：上海教育出版社，2003：1-3.

② 黄荣怀，王晓晨，李玉顺.面向移动学习的学习活动设计框架 [J].远程教育杂志，2009，（1）：3-7.

③ 余亮，黄荣怀.活动理论视角下协作学习活动的基本要素 [J].远程教育杂志，2014，（1）：48-55.

验的活动系统和促进个体学习过程的技术设计系统。且经笔者查阅《汉语大词典》《当代汉语词典》《教育大辞典》等重要工具书，并没有发现对"学习活动"的界定，仅有对"学习"和"活动"分开的界定，这些词典中都倾向于将"学习"界定为"通过阅读、听讲、研究、实践获得知识或技能"，将"活动"定义为"为达到某种目的而采取的行动"（新华词典编纂组，1980；① 汉语大字典编纂处，2014② ）。如果将二者合并起来看可以发现：一方面，"学习活动"是"活动"的下位概念，是活动的一种类型，是个体为了学习而开展或参与的活动，具体来说学习活动是个体为获取文化知识经验等而进行的各种形式的学习行为；另一方面，"学习"是"学习活动"的目的，个体开展和参与学习活动的目的是为了学习，学习活动是个体进行学习的途径和方式，个体任何形式的学习都会通过一定的途径或行为方式进行。

　　基于以上分析，本研究将大学生学习活动界定为大学生在大学学习生活中发生的旨在获取知识经验和促进自身发展的学习行为，包括课内外所有的学习行为。需要进一步强调的是，"学习行为"和"学习活动"的内涵具有较强的内部一致性。"行为"一般是指受思想支配而表现出来的外显性活动。行为本身表现出来的也是一种"活动"，只不过这种活动的目的区

---

① 新华词典编纂组 . 新华词典 [Z]. 北京：商务印书馆，1980：376.
② 汉语大字典编纂处 . 30000 词现代汉语词典 [Z]. 成都：四川出版集团·四川辞书出版社，2014：218，591.

别于"学习活动"的"学习"的目的，具有不确定性，所以学习的"行为"和"活动"具有内部指向的一致性。这种界定方式与美国研究者Gonyea，R. M.等（2003）的观点本质上是一致的，其研究认为大学生在大学生活中参与的一切学习和交往活动都属于学习活动，这些活动也包含大学生课内外的一切活动，具体包括利用图书馆、利用计算机及信息技术、课程学习、写作经验、生师相处的经验、参与美术音乐戏剧、利用校园设备、参与学生社团组织、个人经历、同学交往、科学和量化的经验、谈话话题和谈话中的信息这13个方面的学习活动类型（Gonyea，R.M.，et al.，，2003）。[①]

三、大学生学习活动质量

"质量"的内涵从不同的角度有不同的理解，到目前为止，人们对质量的界定并没有一致的意见。当前，国内外相关研究对质量内涵的界定，可以总结为"不同学科"和"满足不同需求"这两个角度，其中有几种界定方法对本研究中质量的界定具有很大的启发。例如，管理学认为，质量是活动或工作的有效程度，考察实体是否达到了应有的功效；教育学认为，质量是学生经过学校教育后所获得知识、能力等的多少，以及为自

---

① Gonyea, R.M., Kish, K.A., Kuh, G.D., Muthiah, R.N., Thomas, A.D. College Student Experiences Questionnaire: Norms for the Fourth Edition. Bloomington [Z]. IN: Indiana University Center for Postsecondary Research, Policy, and Planning, 2003.

身离开学校以后的生活做准备的适切性（胡万山，2016）[①]。又经查阅工具书可知，质量在《新华汉语词典（彩色版）》中界定为"事物达到的程度"（新华汉语词典编委会，2004）[②]，在《新华词典》中界定为"产品或工作的优劣程度"（新华词典编纂组，1980）[③]。

基于以上分析和界定，结合大学生学习活动的内涵，本研究将大学生学习活动质量界定为：大学生在大学学习生活中对旨在获取知识经验和促进自身发展的各种学习活动参与的有效程度，其核心是学生在学习活动中的参与和努力的质量，衡量标准是产生学习收获的大小。这里学习活动参与的有效程度主要从过程和结果两个方面来衡量：从学习活动的过程，也就是学习活动质量本身来看，主要考察的是大学生在学习活动中的参与和努力程度，哪种学习活动越能调动和激发学生参与的主动性和积极性，且学生在该活动中的参与和努力程度越高，大学生在该学习活动中的学习质量也就越高；从学习活动的结果，也就是学习收获的角度来看，主要考察的是大学生参与学习活动后所产生的学习收获，大学生参与哪种类型的学习活动产生的学习收获越大，这种类型的学习活动质量也就越高。

一般来说，在大学生学习活动质量内部，学习活动参与和

---

① 胡万山.高等教育质量保障内涵的研究与反思[J].教学研究，2016，39（5）：1-4.

② 新华汉语词典编委会.新华汉语词典（彩色版）[Z].北京：商务印书馆，2004：1229.

③ 新华词典编纂组.新华词典[Z].北京：商务印书馆，1980：1085.

努力质量是产生学习收获的必要不充分条件。也就是说，大学生在某种学习活动中的参与和努力质量较高，并不必然会产生较高的学习收获，但如果学生参与某种学习活动后产生的学习收获越高，其往往在这种学习活动中的参与和努力质量也就越高。这其中暗含的一个重要命题是，相比较于学习收获，大学生在学习活动中的"参与和努力质量"对考察学习活动质量整体具有更大意义。因为只有大学生在学习活动中的充分参与和刻苦努力，才有可能产生较高的学习收获。鉴于此，本研究中对学习活动质量的实证研究，紧紧围绕"学生在学习活动中的参与和努力质量"这一核心展开，并将"学习收获的质量"作为衡量大学生学习活动质量的重要标准。需要特别强调的是，本研究中的"学习活动质量"和"学习活动效率"有所不同，"效率"的基本含义是"单位时间内完成的工作量"，对应学习活动的效率主要是指完成学习活动所需要的时间，参照本研究对"学习活动质量"的定义，"学习活动效率"主要强调学习活动过程质量，也就是学生在学习活动中参与和努力的效率，而较少有"学生参与学习活动后产生学习收获的高低"的含义。

第二章　大学生学习活动质量研究述评

　　明确大学生学习活动质量国内外研究现状，既是本研究深入开展的前提和基础，也是找准研究突破口的关键所在。本研究紧紧围绕大学生学习活动质量的内涵，对国内外大学生学习活动质量相关研究成果进行系统梳理。基于研究内容与研究思路，与本研究密切相关的内容主要包括大学生学习活动质量状况的调查研究和大学生学习活动质量的影响因素研究这两大部分。由于调查工具和调查对象的差异，大学生学习活动质量基本状况调查研究的相关结论具有较大差异，研究结果对本研究的借鉴意义也相对较小，而影响大学生学习活动质量的因素十分复杂，每种因素的影响方式和影响大小也有所差异。鉴于此，在梳理大学生学习活动质量状况调查研究和影响因素的相关研究时，本研究只对前者作以整体状况的概述，而将论述的重点放在了后者。该部分内容，通过对国内外相关研究的系统梳理和深入分析，明确本研究深入开展的基础，找准本研究的切入点。

第一节　国内研究现状

国内对大学生学习活动质量的调查研究，主要包括在借鉴国外调研工具并进行汉化基础上开展的问卷调查、通过自编问卷进行的问卷调查这两大类。研究者从不同侧面对我国不同地区、不同类型大学生学习状况进行了实证调研，得出了很多具有启发性的结论。对大学生学习活动质量影响因素的研究，国内研究者主要分析了学生主客观个体因素和主客观环境因素对大学生学习质量的影响，这对本研究进一步分析大学生学习活动质量的影响因素具有重要借鉴意义。

一、大学生学习活动质量状况调查研究

大学生学习活动质量状况的调查研究是本研究的核心部分，就国内的研究现状来看，研究者主要通过对大学生"学习状况"的调查，来反映"学习活动质量"的基本状况。近年来，随着我国高等教育质量保障理论研究和实践探索的不断深入发展，考察高等教育质量的视角也逐渐由高等教育外部办学条件转向了内部的教学质量，由对教师"教"的质量转向学生"学"的质量。20世纪90年代以来，对大学生学习情况的调查研究在我国逐渐兴起，形成了一些有代表性的研究团队和研究成果，大学生学习经验和学习质量问题也引起了社会各界的广泛关注。如北京师范大学周作宇教授主持的"中国大学生就

读经验调查"（China College Student Experiences Questionnaire，
CCSEQ），清华大学史静寰教授主持的"中国大学生学习与发
展追踪研究"（China College Student Survey，CCSS），厦门大
学史秋衡教授主持的"国家大学生学情调查"（National College
Student Survey，NCSS），北京大学的"首都高校质量监测项
目"，南京大学、西安交通大学、湖南大学等参加美国加州伯
克利大学主持的"研究型大学学生就读经验调查"（Student
Experience of Research Universities，SERU），华中科技大学、中
山大学等也使用自编问卷，对本校学生的学习情况进行了问卷
调查（史静寰，2016）。[①] 这些调查对我国不同地区、不同层次
和不同类型高校的本科生进行了大范围的调查研究。由于调查
对象和调查工具的差异，所得出的主要结论也有所差异。然而，
将这些研究成果的主要结论综合起来看，可以在很大程度上反
映我国大学生学习的整体情况，为本研究的实证调研提供了坚
实的研究基础。

　　从这些大学生学情调查的研究成果来看，较大规模的调
查更能反映我国大学生学习情况的整体状况。如厦门大学史秋
衡教授主持的国家社会科学基金重点课题"国家大学生学情调
查"，分别于 2011 年和 2012 年在全国范围内进行了两次大规
模问卷调查，并在后续的研究中不断扩大调查规模，其样本量
覆盖了全国 23 个省、自治区和直辖市 52 所高校的近十万名

---

① 史静寰.走向质量治理：中国大学生学情调查的现状与发展 [J]. 中国高教研究，
2016，（2）：37-41.

大学生，并发表了《我国大学生学情状态与影响机制的实证分析》（史秋衡，郭建鹏，2012）[①]和《国家大学生学习质量2013年度报告》（史秋衡，邢菊红，2014）[②]等系列成果，调查发现：（1）在学习目标上，我国约四分之一的大学生还没有明确的学习目标，在有学习目标的学生中以"取得学历"为目标的占绝大多数，其次是"提高经济地位"和"获得知识"；（2）在教师教学与大学生学习投入上，学生对教师课堂教学的评价勉强合格、学生感知的师生交流状况不合格，大学生学习投入勉强合格，但得分不高；（3）在大学生学习收获上，学生在总体学习收获、批判性思维和专业收获上得分为合格水平，在团队合作能力和表达能力上得分为中等水平；（4）在大学生学习满意度上，学生对学校各个方面的满意度均为合格水平，得分在合格线边缘徘徊，还有很大的提升空间；（5）我国大学生的学习观、课堂体验、学习方式和学习收获整体上的情况偏正面，但得分都并不高，还有很大部分学生的学习观偏向记忆知识的取向，认为在教学中师生之间缺乏交流，在学习中仍然采取表层的学习方式。

二、大学生学习活动质量影响因素研究

1982年，佩斯（Pace，C.R.）教授提出，将"努力质量"作为评价大学教育质量的重要指标，认为学生投入到课内外活

---

① 史秋衡，郭建鹏.我国大学生学情状态与影响机制的实证分析 [J].教育研究，2012，（2）：109-121.

② 史秋衡，邢菊红.国家大学生学习质量2013年度报告 [J].中国高等教育评论，2014，5（0）：39-63.

动中的时间与精力越多，其努力的质量就越佳，受到好的影响也就越大（Pace，C.R.，1982）。[①]1984 年，阿斯汀（Alexander W. Astin）在其基础上提出了 I-E-O 模型，认为学生个体的投入程度和学校的环境因素共同影响着学习结果（Alexander W. Astin，1999）。[②]由此可知，学生个体的努力程度和学校的环境因素是直接影响学生学习活动质量的两个因素。然而，学生学习活动质量也受其他一些与个体和学习有关因素的影响。首先，就学生个体而言，学生自身的个体因素必然影响着学习活动质量；其次，从学生学习的外部环境因素来看，学校的教学设施、教学制度和教师的教学方式等也影响着学生学习活动质量的高低。值得注意的是，学生学习的外部环境主要通过学生自身的感知因素来对学习结果产生影响。也就是说，环境因素并不是直接影响学习结果，而是通过个体对环境因素的感知来发挥作用。学生的学习自主性、学习适应性、学习策略的采用，以及学习成绩和学习收获等因素都与学生的学习活动质量具有十分密切的关系。由于已有研究中较少有对大学生学习活动质量影响因素的直接研究，所以本部分内容通过对学生主客观个体因素和主客观学习环境因素对学生这些方面影响的分析，来把握大学生学习活动质量的影响因素。

---

① Pace, C.R. Achievement and the Quality of Student Effort [A]. National Commission on Excellence in Education [C].Washington, D.C.: Department of Education, 1982-05-25: 1-40.

② Alexander W. Astin. Student involvement: A developmental theory for higher education [J]. Journal of College Student Development, 1999, 40（5）: 518-529.

（一）学生个体因素对学习活动质量的影响

学生的个体因素包括客观和主观两个方面。客观的个体因素包括学生的性别、年龄、年级、生源地、个性等客观存在的特点，这些因素对学生学习活动质量必然会产生影响；学生主观的个体因素，诸如学生的学习观、学习动机、学习取向等因素，也会对学生的学习活动质量产生十分重要的影响。此外，还有一些其他方面的因素会影响学生学习活动的质量。

第一，学生客观的个体因素对学习活动质量的影响。在家庭背景上，有研究表明，家庭重视程度对学生学习活动质量具有重要影响，当家庭中非常重视学生的学习、给予学生学习更多的鼓励和支持时，学生学习活动质量往往较高（王云海，等，2006）；[1] 且家庭经济收入对子女学习成绩具有十分显著的影响（陈士柏，2018），[2] 这主要表现在家庭对学生学习的经济投入上。在性别上，周海涛等（2014）研究发现，在学生的学习策略使用水平上，女生的学习策略水平高于男生，由此影响到学生学习质量。[3] 在年级上，刘海燕等（2002）对山东师范大学的调查表明大学生的学习适应性整体随着年级的升高而降低；[4]

[1] 王云海，武丹丹，李峰 . 影响大学生学习积极性的因素研究与对策分析 [J]. 河南大学学报（社会科学版），2006，（5）：163-168.

[2] 陈士柏 . 家庭收入与学生学习成绩的关联性研究 [J]. 中国集体经济，2018，（19）：162-163.

[3] 周海涛，景安磊，李子建 . 大学生学习策略使用水平及其影响因素分析 [J]. 中国高教研究，2014，（4）：25-30.

[4] 刘海燕，刘爱芹，王奎峰 . 高师院校大学生学习状况调查与对策研究 [J]. 山东师范大学学报（人文社会科学版），2002，47（4）：100-102.

也有研究发现，学生采用的学习策略在年级因素上无显著差异（周海涛，等，2014），且因研究对象的不同结果也有所差异。有研究发现，在专业因素方面，在学习目标上理科学生既注重远景目标也追求近景目标，而文科和音体美学生较注重个人追求；在学习适应性和学习热情以及同学关系上，理工科学生的适应性最强，其次是文科生和音体美学生；在听课态度上，理工科学生最好，文科学生最差；在校园学习环境的适应上，音体美学生最好，文科学生最差（刘海燕，等，2002）。当然，也有研究发现不同专业大学生在学习策略整体上无显著差异（周海涛，等，2014）。在生源地因素上，研究发现不同生源地大学生在学习策略上具有显著差异，不同生源地的学生在认知策略、元认知策略和资源管理策略等学习策略上表现出了不同的优势（周海涛，等，2014）。在生源类型上，马磊等人（2009）通过对上海某大学的自主招生学生和普通招生学生的 959 份样本进行跟踪研究，发现自主招生学生的学习成绩明显高于普通招生学生；[1] 相似地，黄细良和赵清（1998）对南京大学的研究，得出了保送生学习成绩普遍高于普招生，自主招生和保送生在整体上的学习成绩高于普招生的结论；[2] 孙睿君等（2012）研究发现，来自省级以上重点高中的学生成绩排名显著高于其他学生，

---

[1] 马磊，赵俊和，石金涛，杨辉.高校自主招生有效性的实证研究 [J].上海交通大学学报，2009，43（9）：1422–1426.

[2] 黄细良，赵清.从南京大学实践看招收保送生的可行性和规范化建设 [J].中国高等教育，1998，（11）：33–34.

东部地区的学生成绩排名高于中西部学生。^① 在民族类型上，有
研究表明汉族学生自我报告的能力素质收获要显著高于少数民
族学生（孙睿君，等，2012）。在是否是独生子女上，研究发现
相比较于非独生子女，独生子女的学习动机更倾向于个人发展
和自我实现，在学习成绩上期望值较高、但刻苦程度较低，对
专业更感兴趣、对前途的担忧较少，成才视野开阔，但成才的
高层目标淡化（唐平秋，2000）。^② 在父母受教育程度上，周海
涛等（2014）研究发现，父母受教育程度不同的学生在学习策
略使用方面存在非常显著的差异，孙睿君等（2012）进一步研
究发现，父母受过高等教育的学生报告的能力素质收获极其显
著高于父母未受过高等教育的学生。在是否担任学生干部方面，
研究发现担任学生干部的学生的学习策略使用水平显著高于没
有担任学生干部的学生（周海涛，等，2014）。在是否参加调研
活动方面，研究发现参与调研的学生学习策略使用水平显著高于
没有参与的学生（周海涛，等，2014）。在是否有兼职行为因素
上，研究发现有兼职行为的学生学习策略使用水平显著高于没有
兼职的学生（周海涛，等，2014），同样有研究进一步发现，大
学生在校期间的兼职活动有助于提高他们的学习成绩和乐观的就

① 孙睿君，沈若萌，管浏斯. 大学生学习成效的影响因素研究 [J]. 国家教育行政学
院学报，2012，(9)：65-71.
② 唐平秋. 独生子女与非独生子女大学生学习状况比较研究 [J]. 广西大学学报（哲
学社会科学版），2000，22(6)：74-78.

业预期（林云，梁雄军，2010）。[①] 在学习成绩因素上，研究发现学习成绩排名在前 25% 的学生学习策略使用水平显著高于其他学生（周海涛，等，2014）。

第二，学生主观的个体因素对学习活动质量的影响。在学生参与度上，大学生投入到实际学习活动中的时间和精力越多，学习活动质量就越高、学习收获也越大。有研究发现，大学生学习投入程度的提高可以显著提高教育产出，预测大学生的学习收获（唐浩霖，2014；[②] 李富强，2022[③]）；汪雅霜（2015）通过对 59032 名大学生学情调查数据的分析发现，大学生学习投入程度对学习收获有较高的解释率。[④] 王纾（2011）借助 2009年"中国大学生学情调查"的数据分析发现，学生学习性投入作为"过程变量"对学业收获的影响比学生家庭背景和院校环境的影响更大；学生学习性投入的各维度对学生学习收获的影响大小各不相同。[⑤] 白华（2013）利用 CCSEQ 收集数据，基于结构方程模型分析了不同类型大学活动对学习收获的影响，研究发现"内生因素"（包括学校资源利用、社会交往、学业活动

---

① 林云，梁雄军.大学生学习行为及其影响因素的实证研究——基于浙江省 A 大学
  802 名学生的问卷调查 [J].天津大学学报（社会科学版），2010，12（3）：283-
  288.
② 唐浩霖.工科大学生学习收获的实证研究 [D].北京：北京理工大学硕士学位论
  文，2014：38.
③ 李富强.大学生学习行为投入对学业成绩影响的实证研究——基于课程认知目标
  和向学 / 厌学的中介效应视角 [J].长春大学学报，2022，32（12）：26-36.
④ 汪雅霜.大学生学习投入度对学习收获影响的实证研究——基于多层线性模型的
  分析结果 [J].国家教育行政学院学报，2015，（7）：76-81.
⑤ 王纾.研究型大学学生学习性投入对学习收获的影响机制研究——基于 2009 年
  "中国大学生学情调查"的数据分析 [J].清华大学教育研究，2011，（4）：24-32.

和个人努力）对学习收获影响的百分比达到了 71.9%，对学习收获的各个部分也有很大的影响。[①] 在成就动机上，研究表明，学生的成就动机越高，学习的积极性也就越高，学习活动质量往往也很高（王云海，等，2006；党宝宝，祁生琴，2022[②]）。在学习动机上，刘孝群等（2005）采用自编问卷，通过对重庆某大学的调查发现，大学生的内部动机与学习成绩之间存在极其显著的相关；外部动机与学习成绩存在负相关，即过于强烈的外部动机对学习成绩会产生消极作用。[③] 孙睿君等（2012）研究也发现学习动机对学业成绩具有显著影响，就业动机与升学动机越强，学生的学习成绩越高。在自我效能感上，研究发现积极适当的自我效能感可以使学生认为自己有能力取得好的学习成绩，从而保持积极进取的学习态度，能够提高学生学习活动的质量（王云海，等，2006）；也有研究发现，自我效能感越强的学生学习主动性也越强（任春华，桑青松，2006；[④]党宝宝，张梦乡，2023[⑤]）；高自我概念的学生在学习中往往也表

---

① 白华.本科生就读经验影响学习收获的路径研究——基于结构方程模型 [J].中国高教研究，2013，(6)：26-32.

② 党宝宝，祁生琴.学生成就目标定向的结构维度、理论依据及对学业发展的影响 [J].当代教育与文化，2022，14（1）：46-54.

③ 刘孝群，耿德英.大学生学习动机与学习成绩的相关研究 [J].西昌学院学报（社会科学版），2005，17（2）：75-77.

④ 任春华，桑青松.大学生自主学习的影响因素及其培养途径 [J].内蒙古师范大学学报（教育科学版），2006，19（11）：95-97.

⑤ 党宝宝，张梦乡.高原农牧区中学生理科学习兴趣对学业自我效能感的影响：文化心理的链式中介作用 [J].当代教育与文化，2023，15（4）：36-43.

现得更为积极（孟祥芝，1994）。[①] 在学习兴趣上，有研究发现学生对学习活动越感兴趣，其参与该活动的程度也就越大，学习活动质量也就越高（王云海，等，2006）；也有研究发现学生学习兴趣与学习成绩呈显著正相关（王田，等，2021）；[②] 刘巧芝等（2009）进一步通过对嘉兴学院的 1300 名大学生的调查表明，大学生学习兴趣与学习成绩之间的相关系数为 0.486。[③] 在学习习惯上，研究发现良好的学习行为习惯对学习成绩具有极为显著的积极影响（孙睿君，等，2012；吴弦，2022[④]）；学习自主性强、善于探索、乐于讨论的学生更倾向于取得更好的成绩（王广珍，2010）；[⑤] 善于运用恰当的学习策略的大学生学习的自主性越强（任春华，桑青松，2006）；又有研究发现，学生自主学习与学习成绩显著相关（郭文斌，2006；[⑥] 朱祖德，等，2005[⑦]）。在学生的心理和情感因素上，涂朝莲（2013）通过对武汉地区三所高校 672 名大学生的调查研究发现，学生对

---

① 孟祥芝.西方心理学界对自我的研究及其教育启示 [J].山东教育科研，1994，（4）：46-48.

② 王田，刘启蒙，田艳艳，刘坚.教学方式、学习压力和学习兴趣对高中生学业成绩的影响——基于有调节的中介模型 [J].教育科学研究，2021，（10）：63-69.

③ 刘巧芝，曹婧好，车蕙.非智力因素对大学生学习成绩的影响 [J].教育探索，2009，（5）：127-128.

④ 吴弦.小学生学习成绩的城乡对比研究——家庭文化资本的影响 [J].吉林师范大学学报（人文社会科学版），2022，50（2）：57-71.

⑤ 王广珍.学习方式与大学生成长成才研究 [D].郑州：河南农业大学硕士学位论文，2010：15-18.

⑥ 郭文斌.学习困难学生自主学习策略研究 [J].中国特殊教育，2006，（3）：79-83.

⑦ 朱祖德，王静琼，张卫，叶青青.大学生自主学习量表的编制 [J].心理发展与教育，2005，（21）：60-65.

祖国的意识、自尊心以及担心犯错误的心理等因素均对学生的学习成绩具有显著影响；[①]也有研究表明，学生积极的情感状态有利于其自主学习，而消极的情感会阻碍学习潜能的正常发挥（任春华，桑青松，2006）；大学生学习情感与学习成绩的相关系数为 0.489（刘巧芝，等，2009）。在学生的性格与气质上，研究表明，大学生的性格、气质和学习成绩的相关系数分别为 –0.139 和 –0.031，虽然具有一定程度的相关性，但是没有达到显著性水平，相关程度很低（刘巧芝，等，2009）。

（二）学习环境因素对学习活动质量的影响

人和环境之间具有十分密切的关系，学生的生活和学习都在一定的环境中进行，其学习活动必然也会受到学习环境的影响。学习环境从其存在状态看，包括客观的学习环境，如社会环境、校园环境、教师教学目标和教学方式等，以及学生主观感知的学习环境；从学习环境存在的层次来看，包括学校的学习环境、学科的学习环境、课堂教学环境和学生所面临的学习内容和学习任务等。

第一，客观的学习环境对学习活动质量的影响。首先，社会环境因素会影响学生学习活动的质量。如社会择业机制不健全，在大学生就业中，各种不合理、不公平的现象依然存在，这些因素在一定程度上影响了学生对学习活动的认识，从而影响学习活动的质量（王云海，等，2006）。其次，学校因素也会

[①] 涂朝莲.情感因素特征状况及其对学习成绩的影响——基于英语专业大学生的实证研究 [J].西安外国语大学学报，2013，21（3）：62-65.

对学习活动质量产生重要影响。林云等（2010）研究发现，学校教学管理和学生学习环境等系列因素，均不同程度地影响着大学生的学习行为与学习积极性；也有研究发现，学校的学习氛围、学校的管理方式等都会影响学生学习活动的开展，当学生处于完全不受约束和没有学习氛围的校园之中时，学生往往无心学习（王云海，等，2006）；学校给学生提供的学习资源也会对学生学习产生很大的影响（田亚惠，等，2022）；① 程世宏（2002）研究也认为，良好的学习环境和丰富的辅助资源也是自主学习能否获得成功的一个重要条件，有效促进学生自主学习的展开可以从这两方面着手。② 最后，教师因素会对学生的学习活动质量产生影响。李萍（2013）通过对湖北省内 4 所高校的 307 名大学生的调查研究发现，教师的教学态度、知识结构和教学技能都会对学生的学习产生很大的影响；③ 汪玉侠和李平（2012）研究认为，大学教师教学中不研究学生、教学方法单一、教学中缺乏激情等行为都会对大学生的学习投入程度产生十分不利的影响。④

第二，主观的学习环境对学习活动质量的影响。在学生所

① 田亚惠，姚继军，王威，周世科.义务教育学校资源对学生学业成绩的影响——基于省域内大规模学业质量监测数据的实证研究 [J].教育与经济，2022，38（2）：35-45.
② 程世宏.试论影响自主学习能力形成的因素 [J].基础教育研究，2002，（4）：24-26.
③ 李萍.教师因素对大学生学习心理的影响调查分析 [J].学校党建与思想教育，2013，（11）：71-72.
④ 汪玉侠，李平.影响当前大学生课堂学习投入的因素 [J].江苏社会科学，2012，（S1）：128-131.

感知的教学环境因素上，研究表明，学生的教学体验和学习观对学生的元认知能力和学习策略的选择等均具有显著影响，而学生的元认知能力和学习策略又直接影响着学习活动的质量（付亦宁，2015）；[1] 学生感知的学习任务难度因素对学生采用的学习方式也具有显著影响（陆根书，2010）。[2] 在学生感知的校园环境因素上，周廷勇和周作宇（2012）通过对 CCSEQ 调查数据的分析发现，学校环境对大学生学习有一定的影响，一般通过学生个体变量对学生发展产生影响；[3] 白华（2013）进一步分析表明，支持性校园环境对大学生学习收获的贡献度达到了27.28%，且支持性校园环境对大学生的知识技能和职业准备的影响是最大的。何明炳（2015）借助 CCSS 数据分析发现，校园支持一方面对学习收获有直接的正向效应，另一方面通过师生间的互动对学生的学习收获产生间接的正效应；[4] 而刘宏哲等（2012）在参考了 NSSE 和 CSEQ 问卷的基础上，自编了"中国大学生学习体验调查"问卷对某大学 647 名大学毕业生进行了调查，研究也得出了相似的结论，即环境因素的投入不能对学生自身的成长收获产生直接的强有力的影响，环境必须

① 付亦宁.大学生深层学习影响因素及其关系的实证分析 [J].苏州大学学报（社会科学版），2015，（2）：93-101.
② 陆根书.大学生感知的课堂学习环境对其学习方式的影响 [J].复旦教育论坛，2010，（4）：34-46.
③ 周廷勇，周作宇.高校学生发展影响因素的探索性研究 [J].复旦教育论坛，2012，（3）：48-55.
④ 何明炳.校园支持对大学生学习收获的影响：生师互动的中介效应 [J].高校教育管理，2015，（8）：1-8.

通过促进学生参与程度的提升，来间接达到培养学生素质能力的目的。①

第二节　国外研究现状

国外大学生学习活动质量调查研究开展得相对较早，主要可分为对大学生学习整体情况的调查研究和对大学生课程学习体验的调查研究两类。对大学生学习活动影响因素的探索，也同样关注了学生主客观个体因素和主客观环境因素对学习活动质量的影响，但在关注的具体要素上与国内有所差异。国外相关研究为本研究的深入开展提供了理论基础和实践借鉴，进一步开阔了研究视野。

一、大学生学习活动质量状况调查研究

国外的大学，特别是欧美发达国家的高等教育都具有"以学生为中心"的传统，特别强调学生在学校教育活动中的中心地位，重视学生的学习参与、学习投入和学习体验等与学生学习过程密切相关的因素。20 世纪 70 年代伊始，世界各国为了解本国大学生的学习状况，很多国家便开始以高校、科研院所或研究者个人为组织者，组织开展了众多影响力较大的大学生学习情况调查项目。目前，国际上比较有代表性的调查项目可

---

① 刘宏哲，刘金兰，林盛. 大学环境影响学习收获的自主参与模型探析——基于 K 大学调查的实证 [J]. 复旦教育论坛，2012，(5)：39-44.

以分为两大类：一类是对大学生学习整体情况的调查研究。例如，美国的"全国大学生学习性投入调查"（National Survey of Student Engagement，NSSE）、"大学生就读经验调查"（College Student Experiences Questionnaire，CSEQ）、"研究型大学学生就读经验调查"（Student Experience of Research Universities，SERU）、"大学生学习成果评估"（Student Learning Outcomes Assessment，SLOA），澳大利亚的"大学就学经验调查"（University Experience Survey，UES），英国的"全国大学生调查"（National Student Survey，NSS）等（史静寰，2016）。另一类是对大学生课程学习环境和体验的调查研究。例如，澳大利亚的"课程经验调查"（Course Experience Questionnaire，CEQ），Fraser & Treagust（1986）编撰的"大学课堂环境问卷"（College and University Curriculum Environment Instrument，CUCEI），[①]Dorman 等（1998）编撰的"大学学习环境调查问卷"（University Learning Environment Questionnaire，ULEQ）等。[②]这些调查项目从大学生学习投入、就读经验、学习成果、学习环境和课程体验等不同层面，反映了本国大学生学习活动质量的基本状况，对本研究的持续深入开展具有十分重要的启发和借鉴意义。

---

① Fraser, B. J. Treagust, D.F. Validity and use of an instrument for assessing classroom psychosocial environment in higher education[J]. Higher Education, 1986,（15）: 37-57.

② Dorman, J.P., Fraser, B.J., McRobbie, C.J. Relationship between school level and classroom-level environments in secondary schools[J]. Journal of Educational Administration, 1997,（35）: 74-91.

二、大学生学习活动质量影响因素研究

在实践中，由于国内外文化背景和高等教育发展状况的现实差异，国内外影响大学生学习活动质量的因素在部分趋同，但在影响因素内部的具体差异上表现出了一些不同。国内外的差异，一方面反映了我国高等教育发展的中国特色之所在，另一方面也对研究我国大学生学习活动质量的影响因素具有极大的启发意义。根据上文分析我国大学生学习活动质量影响因素的基本逻辑，本部分内容将对国外相关研究成果中对大学生学习活动质量影响因素的研究进行系统梳理，以明确国外大学生学习活动质量影响因素的具体情况及影响因素的内部差异。

（一）学生个体因素对学习活动质量的影响

第一，学生客观的个体因素对学习活动质量的影响。国外关于学生客观个体因素对大学生学习活动质量影响的探讨，主要分析了学生性别、专业、民族、是否利用计算机、学习资源使用频率、考试成绩、同伴关系等具体因素对大学生学习活动质量的影响，研究结论与国内相关研究既有相似之处也有差异之处。

在就读学校类型上，有研究将 262 名大学生分为传统组和非传统组，检验了目标驱动和学业表现两者间的关系，研究发现两组学生对学业目标的评断都比实际学业表现高，但非传统组的学生跟传统组相比更加赞同学业目标的驱动性（Marion

A. et al., 1997）；[1] 也有研究（Clark, B. R., Trow, M., 1966）[2] 将学生的类型按照学校的类型分为学术型大学（Academic）的学生、社区学院型大学（Collegiate）的学生、职业型大学（Vocational）的学生和开放型大学（Nonconformist）的学生这四类，在此基础上研究了大学生学习参与的质量，研究发现学术型大学的学生和社区学院型大学的学生相同，但学术型大学强调学术任务而社区学院型大学更重视学生的校园生活，然而职业型大学和开放型大学则有所差异，职业型大学的学生往往出于对未来工作的考虑去努力学习，而开放型大学的学生则对校外的社会问题更有兴趣（Kuh, et al., 2000）[3]。

在性别类型上，Magolda（1989）研究发现，不同性别的大学生在认知发展上存在显著差异，研究表明男女生在对学习知识的看法上存在差异，且女生相比较于男生，其学习的创新性较差、更易受到权威观点的影响，男生则更倾向于总结他人的观点而不是讨论形成新的观点，且男生更强调个人的人际关系，但研究没有发现学生的认知结构和学习风格在性别上存

① Marion A. Eppler, Beverly L. Harju. Achievement motivation goals in relation to academic performance in traditional and nontraditional college students [J]. Research in Higher Education, 1997, 38（5）: 557-573.

② Clark, B. R., Trow, M. The organizational context. In T. M. Newcomb, E. K. Wilson（Eds.）, College peer groups: Problems and prospects for research [M]. Chicago: Aldine, 1966: 17-70.

③ Kuh, G. D., Hu, S., Vesper, N. "they shall be known by what they do": An activities based typology of college students [J]. Journal of College Student Development, 2000, 41（2）: 228-244.

在差异（Magolda，1989）。[1] 在学习方式上，R. C. Emanuel 等人（1992）在调查研究的基础上发现，女生更倾向于参与式的学习，但自主学习和独立学习的能力较差，而男生则更倾向于教师依赖型的学习，也较少有主动性的学习行为。[2] 在性别上，也有研究发现学生在对老师的期望和对课程的满意度上存在性别差异（Bendig，1953；[3] McKeachie, et al., 1971[4]），在交往行为上也存在显著的差异（Norton，1983）。[5]

在专业类型上，众多研究认为专业类型是学校环境中的子环境，在不同的专业环境中老师和学生的学术倾向、学习观念，以及对校园环境的认知都有显著差异（Berdie，1967；[6]

---

[1] Magolda, M. B. B. Gender differences in cognitive development: An analysis of cognitive complexity and learning styles [J]. Journal of College Student Development, 1989, 30（3）: 213-220.

[2] Richard C. Emanuel, W. James Potter. Do students' style preferences differ by grade level, orientation toward college, and academic major？[J]. Research in Higher Education, 1992, 33（3）: 395-414.

[3] Bendig, A. W. Student achievement in introductory psychology and student ratings of the competence and empathy of their instructors [J]. Journal of Psychology, 1953,（36）: 427-433.

[4] McKeachie, W. J., Lin, Y., Mann, W. Student ratings of teacher effectiveness: Validity studies[J]. American Educational Research Journal, 1971,（8）: 435-445.

[5] Norton, R. W. Communicator style: Theory applications, and measures [M]. Beverly Hills: Sage, 1983: 75-168.

[6] Berdie, R. F. A university is a many faceted thing [J]. Personnel and Guidance Journal, 1967, 45（8）: 768-775.

Feldman, et al., 1999;[1] Gamson, 1966[2])。正如 Berdie（1967）所认为的，期望和观念在综合性的大学中是不一致的，就像他们在学术能力和学业成就上有所差异一样，不同专业背景下的学生在这些方面都有所差异。学生学习状况在专业类型上的差异，由于不同的研究者采用的研究工具和分类标准不同，所以研究的结果也有所差异。Astin（1993）分析了高等教育研究机构（Cooperative Institutional Research Program，CIRP）的纵向数据发现，工程和科学技术专业的学生在批判性思维和解决问题方面的收获较大，教育和艺术类专业的学生在批判性思维上收获较少；[3]Pike（1992）研究发现，工程和数学类专业高年级学生的学习成绩要低于贸易类、人类学、社会科学和自然科学类专业的学生；[4]Gary R. Pike 等（2001）研究发现，纯理论专业和应用性专业的学生在学习经验和学习收获上存在显著差异，这种差异源于不同专业类别教育内容的差异；[5]也有研究发现

[1] Feldman, et al., Major Field and person environment fit: Using Holland's theory to study change and stability of college students [J]. Journal of Higher Education, 1999, 70（6）: 642–669.

[2] Gamson, Z. F. Utilitarian and normative orientations toward education [J]. Sociology of Education, 1966, 39（1）: 46–73.

[3] Astin, A. W. What matters in college? Four critical years revisited [M]. San Francisco: Jossey-Bass, 1993: 10–126.

[4] Pike, G. R. Using mixed-effect structural equation models to study student growth and development [J]. Review of Higher Education, 1992, 15（2）: 151–177.

[5] Gary R. P., T. S. Killian. Reported gains in student learning: Do academic disciplines make a difference? [J]. Research in Higher Education, 2001, 42（4）: 429–454.

不同专业类型大学生的学习和交往偏好存在较大的差异，专业类型因素对大学生的这一影响一直能够延伸到其大学毕业后的工作和生活之中（Witkin，et al.，1977）；[①] 还有研究分析了大学生学习风格在专业类别上的差异，研究发现所有专业（艺术类、工程类、交通类、数理类、人文类）的学生都有较强的教师依赖型学习风格和较差的独立自主的学习风格，相比较于其他专业的学生，交通、艺术和人文专业类的学生更倾向于一种参与式的学习风格（C. Emanuel，et al.，1992）。也有研究探索了大学生学习方式和学习收获在专业类别上的差异，研究发现柔性学科、纯理论学科和生命类学科的学生更倾向于采用深层学习方式，且采用深层学习方式的学生，无论是什么专业类别，其学习收获、学业成绩和对学校的满意程度都相对较高（T. F. Nelson Laird，et al.，2008）。[②]

在民族差异上，众多研究发现学生的民族差异可以很好地预测学生的学习成就（Murtaugh，et al.，1999；[③] Peltier，et

---

① Witkin H. A., et al., Role of the field dependent and field independent cognitive styles in academic evolution: A longitudinal study [J]. Journal of Educational Psychology, 1977, (69): 197-211.

② T. F. Nelson Laird, et al., The Effects of Discipline on Deep Approaches to Student Learning and College Outcomes [J]. Res High Educ, 2008, (49): 469-494.

③ Murtaugh, P. A., Burns, L. D., Schuster, J. Predicting the retention of university students [J]. Research in Higher Education, 1999, (40): 355-371.

al., 1999；[1] Reason，2009[2]）。少数民族大学生的学习成就与欧裔的学生相比有很大的差距（Pintrich，Zusho，2002），[3] 且少数民族群体的学生相比较于欧裔的学生更有从大学辍学的可能（Feldman 1993）；[4] 也有研究发现，在非裔学生和其他民族学生具有同等知识水平的基础上，非裔学生顺利毕业的概率更大（Murtaugh，et al.，1999）。整体上而言，非裔和西班牙裔学生的升学、毕业率要高于欧裔和亚裔的学生（Feldman 1993；Murtaugh，et al.，1999）。也有研究者通过对 804 名大学生的调查表明，不同民族的大学生在学习中采用的学习策略和学习效果有所差异，研究发现非裔学生的学习效果要好于欧裔和西班牙裔，大部分不同民族学生所报告的学习成绩都比预期的要高，欧裔学生的认知策略、动机激发策略和自我调节策略都与其学习成绩显著相关，而西班牙裔的学生仅有自我调节策略对其学习成绩显著的相关（C. J. Fong，et al.，2015）。[5]

① Peltier, G. L., Laden, R., Matranga, M. Student persistence in college: A review of research [J]. Journal of College Student Retention: Research, Theory and Practice, 1999, (1): 357-375.

② Reason, R. D. Student variables that predict retention: Recent research and new developments [J]. NASPA Journal, 2009, (46): 482-501.

③ Pintrich, P. R., Zusho, A. The development of academic self-regulation: The role of cognitive and motivational factors. In A. Wigfield, J. S. Eccles (Eds.), Development of achievement motivation [M]. San Diego, CA: Academic Press, 2002: 249–284.

④ Feldman, M. J. Factors associated with one-year retention in a community college[J]. Research in Higher Education, 1993, (34): 503-512.

⑤ C. J. Fong, L. R. Zientek, Z. E. Yetkiner Ozel, J. M. Phelps. Between and within ethnic differences in strategic learning: A study of developmental mathematics students [J]. Soc Psychol Educ, 2015, (18): 55-74.

在是否利用计算机因素上，G. D. Kuh 等（2001）使用 CSEQ 调查的数据研究了学生利用计算机技术的频率和学习收获之间的关系，研究发现大学生利用计算机的频率和学习收获呈显著正相关；[1] 相似地，T. Rashid 等人（2016）探索了学生对科学技术的利用和其学习参与程度及学习表现之间的关系，研究发现学生对科学技术的使用和学生的学习主动性和参与度之间存在显著的正相关关系，但其与学生的学习表现没有显著的相关关系。[2]

在对学习资源的使用频率上，W. O. Ibukun 等（2011）通过对尼日利亚西部一所职业技术学院 687 名大学生对学校教育资源使用状况的调查发现，大学生对学校教育资源的使用率与其学习收获之间具有显著的相关关系，学生使用学校教育资源的时间及使用的范围与学习收获之间具有十分密切的关系。[3]

在考试成绩上，有实证研究调查发现，学生学习的平均成绩对学生的毅力和自我报告的学习收获具有很强的预测力，学生的学习成绩越高也就代表着其意志力越强、学习的收获越大（Shouping Hu, et al., 2011）。[4]

---

[1] G.D. Kuh, Nick V. Do computer enhance or detract from student learning? [J]. Research in Higher Education, 2001, 42（1）: 87-102.

[2] T. Rashid, Hanan M. A. Technology use, self-directed learning, student engagement and academic performance: Examining the interrelations [J]. Computers in Human Behavior, 2016,（63）: 604-612.

[3] W. O. Ibukun, C. A. Akinfolarin, O. S. Alimi. Correlate of resource utilization and students' learning outcome in colleges of education in south west nigeria [J].International Education Studies, 2011,（8）: 178-184.

[4] Shouping Hu, et al., Examining the relationship between student learning and persistence [R]. Innov High Educ, 2011-12-16.

在同伴关系上，研究表明学生是否拥有好的朋友关系和亲密的同伴团体对学生的发展具有十分重要的影响，当学生拥有亲密的同伴关系时，其个人发展和学习收获也往往表现为比较积极的一面（Astin，1993）。[1]

第二，学生主观的个体因素对学习活动质量的影响。国外关于学生主观个体因素对大学生学习活动质量影响的分析，主要讨论了学生学习参与、学习方式方法、学生非智力因素、学生心理因素等对学习活动质量的影响，这与国内研究者的关注点有所差异，相关研究有助于进一步拓宽本研究的理论视野。

在学生学习参与上，研究发现学生学习参与度与学习质量及学习收获具有十分密切的关系，学生对学习的参与和努力程度越高，其学习质量与学习收获也就越大（Kuh，2005；[2] Skinner，1968；Vargas，2013[3]）。有研究通过对 365 名大学生的调查发现，大学生参与学习共同体与其学习的投入程度、学习收获及对学校教育的满意程度有非常紧密的关系（Chun-Mei Zhao，et al.，2004）；[4] 有研究进一步发现，学生参与不同形式的学习共同体，可以提高学生对课堂之外的学术活动和社会活

① Astin, A. W. An empirical typology of college students [J]. Journal of college student development, 1993a, 34（1）: 36-46.

② Kuh, G. D. Putting student engagement results to use: Lessons from the field [J]. Assessment Update, 2005, 17（1）: 24-32.

③ Vargas, J. S. Behavior analysis for effective teaching [M]. New York: Routledge, 2013: 19-60.

④ Chun-Mei Zhao, George D. Kuh. Adding value: Learning communities and student engagement [J]. Research in Higher Education, 2004, 45（2）: 115-138.

动的参与程度（G. R. Pike，et al.，2011），[1] 而这些活动都可以促使学生产生更多的学习收获，再如开放的心态、包容的态度、人与人之间的交往等（Vogt，1997），[2] 并且积极参与课外活动的学生更倾向于形成亲密的同伴团体，而这对学生的成功和个人的发展都具有十分重要的意义（Astin，1984；[3] Rendon，1994[4]）；也有研究认为，学生参与课内外有目的的教育活动能够促进学生高水平的学习、学生个人的发展和学校教育质量的提升（Kuh，2003；[5]MacGregor，1991[6]）。

在学习方式方法上，有研究发现学生的学习方式整体对其学习成就具有显著的正向影响，但浅层的学习方式对学习收获具有负面影响（B. H. Chen，et al.，2015）[7]，而全美教育学会（The National Education Association，2021）认为，学生课

---

① G. R. Pike, G. D. Kuh, A. C. McCormick. An Investigation of the contingent relationships between learning community participation and student engagement [J]. Res High Educ, 2011, (52): 300-322.

② Vogt, W. P. Tolerance and education: learning to live with diversity and difference [M]. Thousand Oaks: Sage Publications, 1997: 1-18.

③ Astin, A. W. Student involvement: A developmental theory for higher education [J].Journal of College Student Personnel, 1984, (25): 297-308.

④ Rendon, L. I. Validating culturally diverse students: Toward a new model of learning and student development [J]. Innovative Higher Education, 1994, 19 (1): 33-51.

⑤ Kuh, G. D. What we're learning about student engagement from NSSE [J]. Change, 2003, 35 (2): 24-32.

⑥ MacGregor, J. What differences do learning communities make? [N]. Washington Center News, 1991-06-01.

⑦ B. H. Chen, et al., The relationship among academic self-concept, learning strategies, and academic achievement: A case study of national vocational college students in taiwan via SEM [J]. Asia-Pacific Edu Res, 2015, 24 (2): 419-431.

前是否主动预习、学习中是否主动联系现实生活，对学习质量具有很大影响。[①] 这也就是说，学生学习的主动性和自主性会影响其学习质量，因此学生的自学能力成为影响其学习质量提升的关键因素，这与已有的研究结论相一致。有研究认为，发展学生的自学能力对学生的在校学习生涯和终身发展都有十分重要的积极意义（Y. Cao，2012），[②] 而当前大学的教学很多都流于形式，学生在教学中处于被动地位，在这种情境下不仅会影响学生对知识的学习，也会阻碍学生个性的发展（Liwei M.，et al.，2011），[③] 在这种形势下，大学教学改革的当务之急是促进和帮助学生形成自主学习的意识，培养学生自学的能力（Stuart J. R.，1991）。[④] 也有研究发现合作学习和服务学习能够促进学生学习质量的提升，在合作学习上，Lenora C.（1991）研究发现，合作学习对学生的学习态度和学习成就都有积极的影响，有效的合作学习策略要求学生在合作学习中有积极的相互依赖、明确的责任分工、合理的分组方式、有组织的沟通交流、

[①] The National Education Association. Psychology teachers understand how students' minds work, Find out how to use what they know to design more effective lessons and classroom practices [EB/OL]. (2021-09-29) [2023-06-20]. https://www.nea.org/advocating-for-change/new-from-nea/science-learning.

[②] Y. Cao. Cultivation of autonomous learning ability-essential requirement for college students [C]. Z. Zhong (ed.), Proceedings of the international conference on information engineering and applications (IEA), Lecture Notes in Electrical Engineering, 2012: 11–18.

[③] Liwei M., Xiaohua Y. Concepts of constructing college English autonomous learning network system [J]. Energy Procedia, 2011, (13): 10264-10268.

[④] Stuart JR. Prior knowledge and autonomous learning [J]. Robot Auton Syst, 1991, (8): 145–159.

有效的学习指导和对社会技能的高度重视等因素。[①] 在服务学习上，有研究发现，大学生服务学习对学习收获具有显著的正向影响（Jami L. Warren，2012），[②] 为此，Novak 等（2007）对学生参与服务学习对认知收获影响的已有相关研究开展了元研究，他们检查了已有的 9 个研究发现，所有的研究都认为大学生服务学习和学习收获之间呈正相关。[③] 对于学习收获的具体方面，一些相关研究发现，学生通过服务学习参与到社会服务中，可以增加他们对知识的理解，进而使他们对社会做出更大的贡献（Rhodes，N. J.，et al.，2001）；[④] 也有研究发现学生服务学习收获尤其表现在学生的领导能力、团队关系、交往技能等方面（MacFall，2012；[⑤]Newman et al.，2011[⑥]）；而 Eyler 等

① Lenora C. Cooperative Learning: A Successful College Teaching Strategy [J]. Innovative Higher Education, 1991, 16（1）.

② Jami L. Warren. Does service-learning increase student learning?: A meta-analysis [J]. Michigan Journal of Community Service Learning, 2012,（1）: 56-61.

③ Novak, J.M., Markey, V., Allen, M. Evaluating cognitive outcomes of service learning in higher education: A meta-analysis [J]. Communication Research Reports, 2007, 24（2）: 149-157.

④ Rhodes, N.J., Davis, J.M. Using service learning to get positive reactions in the library [J]. Computers in Libraries, 2001, 21（1）: 32-35.

⑤ MacFall, J. Long-term impact of service learning in environmental studies [J]. Journal of College Science Teaching, 2012, 41（3）: 26-31.

⑥ Newman, C. M., Hernandez, S. Q. Minding our business: Longitudinal effects of a service learning experience on alumni[J]. Journal of College Teaching & Learning, 2011, 8（8）: 39-48.

（1999）[①] 和 Astin 等（2000）[②] 进一步研究发现，服务学习对大学生学习收获的促进作用不仅表现在在校学习期间，而且能体现在毕业以后的生活中。

在非智力因素上，有研究通过对 302 名大学生的调查，分析了大学生的勇气、学习策略、对终身学习的态度、努力的持续度、自尊程度等非智力因素与学习成绩之间的相关关系，发现学生的这些个体因素对其最终的学习成绩都没有显著的影响，但学生的自尊程度、对终身学习的态度和学习策略对其在学习中努力的坚持程度具有重要影响，学生自尊和学习策略对其学习兴趣和勇气也有显著的影响（Robert S. W.，2016）。[③] 众多研究分别探索了这些因素对学生学习效果的影响，在学生的勇气上，研究发现学生的勇气，包括勇气中诸如毅力等因素都对学习效果具有显著影响（Wolters，Hussain，2014）；[④] Bowman 等（2015）进一步研究发现，学生在学习中的毅力与其自身的学习适应性、学习成绩、归属感和对学校的满意程度等均呈显著

[①] Eyler, J., Giles, D. Where's the learning in service learning? [M]. San Francisco: Jossey-Bass, 1999: 65-72.

[②] Astin, A. W., Vogelgesang, L. J., Ikeda, E. K., Yee, J. A. How service learning affects students[R]. Los Angeles, CA: Higher Education Research Institute, University of California, Los Angeles, 2000.

[③] Robert S. W. Grit, Self-Esteem, Learning strategies and attitudes and estimated and achieved course grades among college students [J].Published Online, Curr Psychol, 2016-7-27.

[④] Wolters, C.A., Hussain, M. Investigating grit and its relations with college students' self-regulated learning and academic achievement[J]. Metacognition and Learning, 2015, 10（3）: 293 - 311.

正相关;[1] 在学生的自尊上，Baumeister 等（2003）总结了众多的相关研究成果发现，学生的自尊和学业成就存在较弱的正相关，研究者认为其原因可能是自尊与学生的学业期许有关，而学业期许又与学生的学业行为表现有关，[2] 当然也有研究发现自尊和学生的学习成绩及其对学校的适应性上表现出了较大的相关性（Aspelmeier, et al., 2012）[3]；在学习策略上，研究发现学生采用的学习策略对学业成就具有十分重要的影响，尤其是学生的自主学习策略与学业成就之间有显著正相关（Cleary, et al., 2004）[4]；在终身学习的观念上，研究发现学生拥有的终身学习观念与其思维的逻辑性和系统性、想象力及学习成绩均呈显著正相关（Wielkiewicz, Meuwissen, 2014）。[5]

在学生心理因素上，有实证研究探索了学生的心理因素

① Bowman, et al., Keep on truckin' or stay the course? Exploring grit dimensions as differential predictors of educational achievement, satisfaction, and intentions [J]. Social Psychological and Personality Science, 2015, (6): 639-645.

② Baumeister, et al., Does high self-esteem cause better performance, interpersonal success, happiness, or healthier lifestyles? [J]. Psychological Science in the Public Interest, 2003, (4): 1 - 44.

③ Aspelmeier, et al., Self-esteem, locus of control, college adjustment, and GPA among first- and continuing-generation students: a moderator model of generational status [J]. Research in Higher Education, 2012, (53): 755-781.

④ Cleary, T. J., Zimmerman, B. J. Self-regulation empowerment program: A school-based program to enhance self-regulated and self-motivated cycles of student learning [J]. Psychology in the Schools, 2004, (41): 537 - 550.

⑤ Wielkiewicz, R.M, Meuwissen, A. S. A lifelong learning scale for research and evaluation of teaching and curricular effectiveness [J]. Teaching of Psychology, 2014, (41): 220-227.

和学习收获之间的关系。研究发现，学生对自身努力和能力的看法、成就动机，以及对自己能力的信心等因素和学生对不同类型校园学习活动的参与度及满意程度均呈显著正相关关系（Janice M. L., 1992）；[1] 在学业自我概念上，有研究通过对407名大学生的调查研究发现，学生的学业自我概念对学生的深层、浅层学习方式，以及学业成就都具有显著的正向影响，学业自我概念一方面有直接影响，另一方面也通过影响学习策略发生间接性的影响（B. H. Chen, et al., 2015）；相似地，Ji Won You（2016）研究了大学生心理资本与学习参与程度之间的关系，研究发现包括学生的自我效能、希望、态度、灵活性等在内的心理资本与其学习能力和学习参与度之间存在显著的正相关，且学习能力对心理资本和学习参与度具有调节作用。[2] 在学生学习的倾向性上，研究表明大学生的学习倾向性与学习质量及学习收获也具有十分紧密的关系（Julia M. D., et al., 1991）。[3]

另有一些其他的学生主观个体因素。在学生已有的知识经验上，研究表明学生已有的相关知识经验对后续的学习具有很大的影响，学生在大学的学习状况与其在上大学之前的学习情

[1] Janice M. L. Students' motivational goals and beliefs about effort and ability as they relate to college academic success [J]. Research in Higher Education, 1992, 33（2）: 247-261.

[2] Ji Won You. The relationship among college students' psychological capital, learning empowerment, and engagement [J]. Learning and Individual Differences, 2016,（49）: 17-24.

[3] Julia M.D., Louise A, J. Hayes. Approaches to learning by undergraduate students: A longitudinal study[J]. Research in Higher Education, 1991, 32（1）: 1-13.

况有很大的关系，上大学之前知识经验的缺乏往往会导致大学的学习困难（Leong，Sedlacek，1981；[1]Pond，1964[2]）；在学业目标上，Marion A. E. 等（1997）研究发现，学业目标能预测学生未来的学业成就，学业目标对学生学业表现的影响是正向的，学业目标不高的学生学习成绩也相对较低；在学生的教学偏好上，有研究探索了学生对教师教学的偏好与其学习表现的关系，研究发现学生对教学的偏好对其学习表现具有十分重要的影响，当学生喜欢该教师的教学时往往会有更好的学习表现（Katrien S.，et al.，2008）[3]。

（二）学习环境因素对学习活动质量的影响

国外关于学习环境因素对大学生学习活动质量的影响研究，主要探讨了宏观社会环境，中观学校教育环境，以及教师、班级、课程等微观环境对大学生学习活动质量的影响，对本研究分析大学生学习活动质量影响因素具有重要启发。

在社会环境因素上，Patrick 等（1993）研究了社会文化背景对大学生学习投入和学习收获的影响，研究发现当社会文化

① Leong, F.T.L., Sedlacek, W. E. A profile of the incoming freshmen of the University of Maryland[R]. Paper, College Park, MD: Counseling Center, University of Maryland, 1981.

② Pond, L. A study of high and low achieving freshmen[J]. Australian Journal of Higher Education, 1964, (2): 73-78.

③ Katrien S., et al., Students' likes and dislikes regarding student-activating and lecture-based educational settings: Consequences for students' perceptions of the learning environment, student learning and performance[J]. European Journal of Psychology of Education, 2008, 23 (3): 295-317.

背景支持个人心理需要，使个人心理需求得到满足时，个人行为将会表现为投入状态；当社会文化背景不能满足，甚至阻碍学生心理需要时，个体将表现为逃离状态。而投入会导致高质量的技能和心理调节状态，从而使学生产生更多的学习收获，而逃离则恰恰相反。[1]

在学校环境因素方面，有研究通过对众多文献的分析发现，学生接受高等教育后在很多方面都有显著的收获，包括语言技能、数量技能、认知增长、自我概念、自尊和道德的发展、态度和价值观的转变等（Pascarella, et al., 1991）；[2] 相似地，也有研究通过对 260 名大学生调查，分析了影响大学生完成学业意愿的学校因素，研究发现学习环境因素对大学生完成学业的意愿有十分重要的影响。具体来看，社会支持和学生感知的制度支持对其有较大的影响，而学生学业自我效能感对其影响较小，大学应通过促进学生形成积极的学习体验来帮助学生完成学业目标（D. Thomas, 2014）；[3] 同样，在学生对学校的情感上，Sommer（1985）分别对 25 名逃学和没逃学的学生做了对比研究，其对学生的家庭、友谊、兴趣爱好、与学习相关的认

① Patrick B.C., Skinner E.A., Connell J.P. What motivates children's behavior and emotion? Joint effects of perceived control and autonomy in the academic domain[J]. Journal of Personality and Social Psychology, 1993, (65): 781-791.

② Pascarella, E. T., Terenzini, P. How college affects students[M].San Francisco: Jossey-Bass, 1991: 25-50.

③ D. Thomas. Factors that influence college completion intention of undergraduate students[J]. Asia-Pacific Edu Res, 2014, 23 (2): 225-235.

知和行为因素等进行了系统分析，结果发现学生逃学最大的原因是学生厌倦学校和讨厌教师。[1] 由此可见学校因素对学生学习和发展的重要影响。在明确了学校因素对学生发展重要影响的基础上，研究者进一步探讨了影响大学生发展的具体学校环境因素。对此，A. Astin（1993）研究认为，在众多流行的教育质量评价指标中，如生均教育经费、师生比、教师薪资水平、科研成果产出等对大学生的发展几乎没有影响或没有直接影响；相反，学生的学习、学业表现和记忆力等与学生和同伴及教师交流和课外学习投入等密切相关的因素对学生的发展具有重要影响。[2] 也有更多的研究发现，学生在大学中的就读经验比大学本身对学生的影响要大得多（Terenzini，Pascarella，1994；[3] Kuh，1995；[4]Terenzini，et al.，1999；[5]Winston，2003；[6]

[1] Sommer B. What's different about truants? A comparison study of eighth graders [J]. Journal of Youth and Adolescence, 1985, 14（5）: 411-422.

[2] Astin, A. What matters in college? [M].San Francisco: Jossey-Bass, 1993: 20-126.

[3] Terenzini, P. T., Pascarella, E. T. Living with myths: Undergraduate education in America [J]. Change, 1994, 26（1）: 28-32.

[4] Kuh, G. D. The other curriculum: Out-of-class experiences associated with student learning and personal development [J].The Journal of Higher Education, 1995, 66（2）: 123-155.

[5] Terenzini, P. T., Pascarella, E. T., Blimling, G. S. Students' out-of-class experiences and their influence on learning and cognitive development: A literature review [J]. Journal of College Student Development, 1999（40）: 610-623.

[6] Winston, R.B. Stimulating and supporting student learning. In G. L. Kramer and Associates（Eds.）, Student academic service [M].San Francisco: Jossey-Bass, 2003: 3-71.

Pascarella，2006^① ）。而在学校的使命上，Gary R. Pike 等（ 2003 ）
以卡内基对学校使命任务的分类为标准，研究发现，在卡内基
的分类标准下，不同的学校使命在学生对学校环境的认知、学
习和交往的参与度、收集信息的能力和学生的教育性收获上
没有显著差异。^② 研究者在明确了学生发展影响因素的基础
上，也对促进学生学习的一些有效学校措施进行了探讨，其中
也在一定程度上显现了影响大学生发展的学校因素。如在新生
入学教育上，研究发现，新生入学教育对大学新生和转校生的
学习具有很大的帮助（M. J. Mayhew, et al., 2010）^③，新生入
学辅导可以提高其对大学学习生活的适应能力、学习表现能力
和顺利毕业的概率（Fidler，1991；^④Nixon，Martin，1994^⑤），
学生参与新生入学辅导项目容易促使其产生较好的学习体验

---

① Pascarella, E. T. How college affects students: Ten directions for future research [J].Journal of College Student Development, 2006, 47（5）: 508-520.

② Gary R. Pike, et al., The relationship between institutional mission and students' involvement and educational outcomes [J]. Research in Higher Education, 2003, 44（2）: 241-261.

③ M. J. Mayhew, K. Vanderlinden, E. K. Kim. A multi-level assessment of the impact of orientation programs on student learning [J]. Res High Educ, 2010,（51）: 320-345.

④ Fidler, P. P. Relationship of freshman orientation seminars to sophomore return rates [J]. Journal of the Freshman Year Experience, 1991, 3（1）: 7-38.

⑤ Nixon, P. N., Martin, N. The effects of freshman orientation and locus of control on adjustment to college: A follow-up study [J]. Social Behavior and Personality: an International Journal, 1994, 22（2）: 201-208.

（Mullendore，Banahan，2005）。[①] 同时，也有研究发现，建构性的校园环境氛围能够增强学生的学业自我效能感，从而促进学生学习质量的提高（D. Alt，2015），[②] 形成以学生学习为中心和重视学习的校园文化氛围对于提高学生的学习质量具有十分重要的作用（Barr，Tagg，1995）。[③] 另外，Voelkl（1997）的研究发现，学生的学校认同、学校归属感与其学习投入程度及学习收获具有显著的正相关。[④]

　　在教师因素上，由于在校园环境中教师是和学生接触最频繁的群体，是学生学习的指导者和帮助者，因此众多研究都将学生学习行为和学习质量的影响因素归结到教师本身、教师的教学和科研上（Fairweather，2002；[⑤]Marsh，Hattie，2002[⑥]）。众多研究表明，教师的类别、能力、教学效能、教学方法和教

[①] Mullendore, R. H., Banahan, L. Designing orientation programs. In J. Gardner, L. Upcraft, & B.Barefoot（Eds.），Challenging and supporting the first-year student: A handbook for improving the first college year [M]. San Francisco: Jossey-Bass, 2005: 45-73.

[②] D. Alt. Assessing the contribution of a constructivist learning environment to academic self-efficacy in higher education[J]. Learning Environ Res, 2015,（18）: 47-67.

[③] Barr, R. B., and Tagg, J. From teaching to learning: A new paradigm for undergraduate education[J]. Change, 1995, 27（6）: 12-25.

[④] Voelkl K. E. Identification with school[J]. American Journal of Education, 1997,（105）: 294-317.

[⑤] Fairweather, J. The mythologies of faculty productivity: Implications for institutional policy and decision making[J]. The Journal of Higher Education, 2002,（73）: 26-48.

[⑥] Marsh, H.W., Hattie, J. The relation between research productivity and teaching effectiveness: Complementary, antagonistic, or independent constructs? [J]. the Journal of Higher Education, 2002,（73）: 604-641.

学态度等因素都与学生的学习质量及学习收获具有十分紧密的关系。（1）在教师的类别上，较多的研究发现，兼职教师的比例和学生毕业率成反比，学生和教师有意义的联系越多，特别是和教师联系的内容集中于知识技能和职业准备类的话题，会提高学生参与学习的动机和投入程度，对学习收获产生积极影响（Astin，1999；[1]Pascarella & Terenzini，1980；[2]Terenzini，et al.，1982[3]）；也有研究发现，全职教师和兼职教师相比，其指导的学生并没有呈现出更高的毕业率和转学率（Ehrenberg，R. G.，Zhang，L.，2005），[4]全职教师和非全职教师的指导，在统计学上显著的是学生的考试成绩，而在对学生毕业后的影响上是不显著的（Patrick M.，et al.，2011）。[5]（2）在教师的能力上，研究发现教师的能力诸如专业知识、教学的清晰性、师生交往技能、教学技能、教学的效果、班级活动和讲义的质量等方面的能力，与学生的学习质量和对学校的满意度显著正相

① Astin, A. W. Student Involvement: A developmental theory for higher education [J].Journal of College Student Development, 1999, 40 (5): 518-529.

② Pascarella, E.T. Terenzini, P.T. Predicting freshman persistence and voluntary dropout decisions from a theoretical model[J].The Journal of Higher Education, 1980, 51 (1): 60-75.

③ Terenzini, P.T., Pascarella, E.T., Lorang W.G. An assessment of the academic and social influences on freshman year educational outcomes [J]. Review of Higher Education, 1982, (5): 86-110.

④ Ehrenberg, R. G., Zhang, L. Do tenured and tenure-track faculty matter? [J].The Journal of Human Resources, 2005, 40 (3): 647-659.

⑤ Patrick M. Rossol-Allison, Natalie J. Alleman Beyers. The role of full-time and part-time faculty in student learning outcomes[A]. Association for Institutional Research (NJ1), Annual Forum of the Association for Institutional Research[C].51st, Toronto, Ontario, Canada, 2011, (5): 21-25.

关（Choi Sang Long, et al., 2014）；[1] 相反，能力较差的教师在课堂上与学生的互动性较差，从而也使得学生在课堂上的表现较差，学习的质量也较低（Cohen, 1981；[2] Theall, Franklin, 2001[3]）。（3）在教师的教学效能上，Macsuga-Gage 等（2012）研究发现，大部分高效能的教师都能够使教学内容变得简单、具体、有吸引力，具有较强的课堂教学管理能力，能够采用合适的教学方法，并与学生建立良好的师生关系，[4] 教师的效能往往预示着学生的学习行为、学习动机和学习结果（Gordon, 2001）；[5] A. Paolini（2015）进一步研究发现，教师的教学效能对学生的学习收获具有重要影响，教师能否对学生开展个性化指导，是否具有丰富的教学经验，是否能够构建良好的师生关系、强调教育的质量、强调学生更高能力的培养，以及是否有合适的课程的组织和计划等，对学生的学习收获具有重要影

① Choi Sang Long, Zaiton Ibrahim, Tan Owee Kowang. An analysis on the relationship between lecturers' competencies and students' satisfaction[J]. International Education Studies, 2014, 7（1）: 37–46.

② Cohen, P. A. Student ratings of instruction and student achievement: A meta-analysis of Multisession validity studies [J]. Review of Educational Research, 1981, （51）: 281–309.

③ Theall, M., Franklin, J. Looking for bias in all the wrong places—A search for truth or a witch hunt in student ratings of instruction [J]. New Directions for Institutional Research, 2001, 109（1）: 45–48.

④ Macsuga-Gage, A. S., Simonsen, B., & Briere, D. E. Effective teaching practices that promote a positive classroom environment [J]. Beyond Behavior, 2012, （3）: 1–11.

⑤ Gordon, L. M. High lecturer efficacy as a marker of lecturer effectiveness in the domain of classroom management [R]. San Diego, CA. Presented at the Annual Meeting of the California Council on Lecturer Education, fall, 2001.

响。[1]（4）在教师的教学方法上，研究发现，由于教学是学校教育的主要形式，所以教师的教学质量和学生的学习成就之间有直接的相关关系（Matzler，Woessmann，2010），[2] 而教学质量又与教师采用的教学方法有很大的关联。研究发现，教师明确的教学目标和有组织的教学设计，以及采用深层的教学方式对学生的批判性思维和认知能力的发展具有很大的促进作用（E. T. Pascarella，et al.，2013），[3] 教师的行为和态度对学生有十分深远的影响，当学生所报告的学习参与程度较高时，其教师在教学中往往采用积极的合作学习策略、注重学生的学习体验、在课堂上多开展高阶的认知活动、积极与学生交流互动、在学业上帮助学生，并且特别注重学生教育性经验的培养（P. D. Umbach，et al.，2005）。[4] 在教学策略上，整体上看，教师在教学过程中采用积极的学习策略可以促进学生的深层次学习，使学生产生更多的学习收获（T. M. Yew，et al.，2016）；[5] 也有实

---

[1] Allison Paolini. Enhancing teaching effectiveness and student learning outcomes [J]. The Journal of Effective Teaching, 2015, (15): 20-33.

[2] Matzler, J., Woessmann, L. The impact of lecturer subject knowledge on student achievement: Evidence from within-lecturer within-student variation [R]. The Institute for the Study of Labor, 2010.

[3] E. T. Pascarella, et al., How the instructional and learning environments of liberal arts colleges enhance cognitive development [J]. High Educ, 2013, (66): 569-583.

[4] P. D. Umbach, M. R. Wawrzynski. Faculty do matter: The role of college faculty in student learning and engagement[J]. Research in Higher Education, 2005, 46 (2): 153-184.

[5] T. M. Yew, et al., Stimulating Deep Learning Using Active Learning Techniques [J]. Malaysian Online Journal of Educational Sciences, 2016, 4 (3): 49-57.

证研究发现，教师采用翻转课堂教学模式可以提高学生的学习参与度，也可以鼓励学生有更多的认知参与（Chen L.，et al.，2016）。[1]（5）在教师因素的其他方面，有研究发现，教师的态度和教师的支持对学生的学习具有重要影响，教师注重且善于和学生交流沟通，并表达对学生的期望，其学生的认知投入水平往往比较高（Blumenfeld P.C.，Meece J.L.，1988）；[2] 在教师支持上，Skinner 等（1993）研究发现，学生的学习投入程度受他们对教师的知觉和教师的实际行为的影响，[3] 当学生感受到教师的支持和帮助的时候，其往往会对该门课程产生较为浓厚的兴趣，增强学习的自我效能感，从而促进其学习投入程度的提升。对应到师生关系上，研究发现，师生关系可以显著地影响和预测学生的学习投入（Furrer，Skinner，2003），[4] 学生从教师那里感受到的人际关系和情感安全又与学生的学习投入程度和学习收获呈显著正相关（Ryan，et al.，1994）。[5]

---

[1] Chen L., Wang X., Li J., et al., Promoting Students' Engagement? Flipped Classroom Matters a Lot - An Empirical Research in College[C]//International Conference on Blended Learning, 2016: 21-39.

[2] Blumenfeld P.C., Meece J L. Task factors, teacher behavior, and students' involvement and use of learning strategies in science [J]. Elementary School Journal, 1988, (88): 235-250.

[3] Skinner E.A., Belmont M.J. Motivation in the classroom: Reciprocal effects of teacher behavior and student engagement across the school year [J]. Journal of Educational Psychology, 1993, 85 (4): 571-581.

[4] Furrer C.J., Skinner E.A. Sense of relatedness as a factor in children's academic engagement and performance [J]. Journal of Educational Psychology, 2003, (95): 148-162.

[5] Ryan R.M., Stiller J., Lynch J.H. Representations of relationships to parents, teachers, and friends as predictors of academic motivation and self-esteem [J]. Journal of Early Adolescence, 1994, (14): 226-249.

　　班级因素上，研究发现，班级的结构和自主支持的班级氛围均会影响学生学习投入程度，Skinner 和 Belmont（1993）研究发现，班级的结构和学生学习的投入程度具有显著正相关关系，在班级氛围上，研究发现与感知到教师控制的班级氛围相比，自主支持型班级氛围的学生在个人能力感和自我调节等诸多方面表现出了较大优势（Deci E. L., et al., 1987）。①

　　在课程因素上，有研究通过调查发现，课程本身的特点可能会促进或阻碍学生的学习与发展，学生在大学阶段学习困难可能是高中课程和大学课程的水平不衔接所致，在高中的课程中增加相应的训练是解决该问题的有效措施（J.T.Thomas, et al., 1991）。② 而在具体课程类型上，研究发现学习技巧课程对学生的学习行为有较小的短时间的积极影响，而对学生长远的可持续的学习收获没有显著影响（Dansereau，1985；③ Santeusanio，1974④ ）。

　　在教育经费投入上，近些年的研究发现教育经费投入和学生的学习参与及学习收获具有显著的相关关系，教育经费投入

① Deci E.L., Ryan R.M. The support of autonomy and the control of behavior [J]. Journal of Personality and Social Psychology, 1987, (53): 1024-1037.

② J. T. Thomas, B.Linda, R.W.Warkentin. Antecedents of college students' study deficiencies: the relationship between course features and students' study activities [J]. Higher Education, 1991, (22): 275-296.

③ Dansereau, D.F. Learning strategy research. In Segal, J. W., Chipman, S. F., and Glaser, R. (eds.), Thinking and Learning Skills [M]. Hillsdale, N. J.: Erlbaum, 1985: 209-240.

④ Santeusanio, R.P. Do College reading programs serve their purpose? [J]. Reading World, 1974, (13): 258-269.

和学习收获之间通过学生的学习参与度发生间接的相关关系，直接的相关关系仅存在于教育经费投入和大一新生的认知发展收获上（G. R. Pike，et al.，2011）。[①]

第三节　已有研究述评

通过对国内外已有相关研究的系统梳理可知，研究者对大学生学习状况及影响因素开展了大量探索，这些研究都为大学生学习活动质量实证研究的深入推进打下了坚实的基础。具体来看，本研究和已有相关研究相比，既存在差异之处，也有进一步深化之处，这主要表现在以下几个方面。

一、在研究内容上

在大学生学习活动质量状况调查研究上，当前国内外相关研究主要通过对大学生学习状况的调查，以及对某一种或几种学习活动类型的研究来反映学习活动整体的质量。虽然已有大规模的问卷调查，如 CCSS 和 NCSS 等都对大学生的学习情况进行了调查研究，但是这些研究并不都是针对学生学习活动质量本身展开的调研。尽管本研究使用的"中国大学生就读经验问卷（CCSEQ）"也已有了较大规模的调查与应用，研究者也对该问卷中的"学生参与质量量表"进行了分析，但已有

---

① G.R. Pike, et al., If and When Money Matters: The Relationships Among Educational Expenditures, Student Engagement and Students' Learning Outcomes [J]. Res High Educ, 2011, (52)：81-106.

研究都是从学生学习基本状况的角度去考察分析结果的，并未从学习活动的角度来分析相关问题。在大学生学习活动质量的影响因素上，国内外大量研究对影响大学生学习参与、学习质量和学习收获等的因素进行了较为系统的探索，对本研究开展大学生学习活动质量影响因素的分析具有极大的启发意义，但大部分已有研究都仅仅分析了影响因素及其影响的正负效应，而鲜有研究对这些影响因素的影响路径和影响大小进行更深入的探讨。在已有研究的基础上，本研究采用 CCSEQ 问卷收集数据，从学生学习活动质量的角度去分析和解释"学生参与质量量表"，从学生对学习活动的参与程度及其对学习收获的影响程度这两个角度来考察大学生学习活动质量的基本状况，了解我国大学生高质量学习活动的类型特征，把握其在学习活动中存在的基本问题；在分析大学生学习活动质量的影响因素时，本研究不仅考察影响因素的具体类型，而且依据一定的理论基础着重分析这些因素对学习活动质量的影响大小和影响路径。

二、在研究对象上

虽然"大学生就读经验调查（CSEQ）"在全球已有了较为庞大的数据库，但就目前国内外研究者使用该研究工具开展的研究来看，大多数研究者使用的数据都是对某一所大学或几所大学调查后的数据，由于在问卷调查中抽样方式不尽科学，使得研究样本的代表性不足，研究结果的科学性和准确性还有待进一步验证，研究成果的可推广性也有待进一步推敲。而从国内使用 CCSEQ 调查样本分布的情况来看，现有的样本主要覆盖在部属高校，而地方高校的样本量较少，在我国地方高校占据高校总数绝大部分的现实状况下，部属高校大学生样本往往很难代表我国大学生学习的整体情况。鉴于此，在国内外研究者使用该问卷开展实证调研已有的基础上，本研究以北京地区高校在读本科生为调查对象，通过科学抽样调查，使调查样本尽可能覆盖到不同层次、不同类型高校的在读大学生，促使样本能够较好地代表大学生这一群体。通过实证数据分析，把握大学生学习活动质量状况及影响因素，并有针对性地提出提升对策。

三、在研究方法上

国内外相关研究主要采用问卷调查法来分析大学生学习质量状况，为了解大学生学习情况提供了丰富的一手资料。然而，值得注意的是，问卷调查法本身有其特定的局限性——难以了解问卷填写者填写问卷背后的真实想法，及其选择该选项的原因。这就容易使得研究的深入程度非常有限，且不能准确把握调查对象对大学生学习活动质量状况的真实看法，特别是要了解影响大学生学习活动质量的因素时，更需要对问卷调查对象进行深层次的访谈。在已有研究的基础上，本研究在后续研究中将定量研究与定性研究紧密结合起来使用。一方面，利用 CCSEQ 问卷收集大学生就读经验的实证数据，为了解大学生学习活动质量整体状况及其影响因素提供大数据资料支撑；另一方面，利用访谈法对典型的研究对象进行访谈，深入了解和把握大学生学习活动质量的基本状况、影响因素及其背后的原因。从而使本研究不仅在理论上深入，而且在实践中有用。

总之，国内外已有相关研究成果，为探索大学生学习活动质量基本状况与影响因素打下了坚实的基础。基于国内外已有的研究，在研究视角上的创新、研究对象上的差异、研究内容上的深入和研究方法上的丰富，为本研究留下了较为广阔的探索空间。在我国从高等教育大国向高等教育强国迈进，全面深化高等教育综合改革和推进"双一流"建设的大背景下，从"以学生为中心"的角度出发，利用多种方法研究大学生学习活动质量状况及其影响因素，并在此基础上提出大学生学习活动质量的提升路径，对于高校全面提高人才培养质量，从而推进我国高等教育高质量发展、加快"双一流"建设步伐具有重要意义。

第三章　大学生学习活动质量研究分析框架

搭建科学的理论分析框架，是大学生学习活动质量状况调查及其影响因素分析有效推进的基本前提。该部分内容，根据研究的主要内容与思路，在深入剖析"学生参与度理论"和"3P 理论模型"的基础上，提出了本研究进行实证分析的理论依据，并对研究的具体内容和实证调研过程进行了系统设计，为本研究深入分析大学生学习活动质量状况及其影响因素奠定理论基础。

第一节　理论依据

大学生学习活动质量，本质上是指大学生在学习活动中的参与和努力质量，"学生参与度理论"强调的正是学生的学习投入和努力程度，以及校园环境对学生学习的支持情况，这与大学生学习活动质量的本质内涵具有很强的一致性。大学生学习活动质量的影响因素很多，"3P 理论模型"为分析大学生学习活动质量影响因素提供了科学的理论视角。本研究在深度整合"学生参与度理论"与"3P 理论模型"的基础上，得出了本研究深入开展的理论依据。

一、"学生参与度理论"

库（Kuh，G.D.）教授的"学生参与度理论"（Student Engagement）是一种以学生为中心的教育理论，随着"以学生为中心"教育理念的广泛传播，这一理论在教育界也越来越多地被用于解释学生学习质量和学校教育质量，为评价教育质量提供了一个全新的理论视角。学生参与度是指学生投入到有效教育教学实践活动中的时间和精力，以及高校吸引学生参与到学习活动中的力度（Kuh，G.D.，2006）。[①] 这一理论是在佩斯（Pace，C.R.）的"努力质量"（Effort Quality）和阿斯汀（A.Astin）的"学生参与理论"（Student Involvement）研究的基础上发展而来的，同时强调个人努力程度和支持性校园环境对个人发展的重要作用。

佩斯（1982）将"努力质量"作为评价大学教育质量的重要指标，认为学生投入到课内外活动中的时间与精力越多，其努力的质量就越佳，受到好的影响也就越大。他借助此理论开发出了第一版的大学生就读经验调查（College Student

① Kuh, G.D. Making Students Matter. In J. C. Burke（Ed.），Fixing the frag-mented university:Decentralization with direction [M]. San Francisco: Jossey-Bass, 2006: 235-264.

Experiences Questionnaire），这一问卷能够较充分地反映大学生到底在四年大学学习中做了什么，努力质量主要测评的是大学生在课程学习、利用图书馆、生师交流、与同学交往、参与美术音乐和戏剧活动、学术活动和职业技能这些方面投入的时间和精力（Gary R.Pike，1996）。[1]认为大学生的学习收获和大学的教育质量与大学生在这些学习活动中的努力程度有直接关系。阿斯汀进一步发展了佩斯的"努力质量"理论，结合其I-E-O（Input-Environment-Outcome）理论模型，提出了"学生参与理论"，认为学生参与就是学生致力于学术活动时的身心投入程度，该理论指出学生的学习与校园环境的关系非常密切，学生学习的过程就是学生参与的过程，学生在有意义的活动上花的时间越多、付出的努力和精力越多，收获就会越大（A. W. Astin，1999）。这个理论包含五个基本假设：一是要求学生在各种活动中都能积极参与；二是参与要具有连续性和统一性，要能够持续地参与各种目标的活动；三是同时强调参与的数量和质量，不仅考察参与时间的长短，而且关注学生参与过程中的专注程度；四是学生参与的质量与学习收获、教育质量有直接关系；五是在促进学生参与过程中发挥的力度是衡量教育政策或教育实践效果的主要标准（Pascarella，E. T.，et al.，，2005）。[2]这两个理论同时强调学生学习活动投入度对学习收获

---

[1] Gary R.Pike. Assessment measures: The community college student experience questionnaire [J]. Assessment Update, 1996, (1): 14-15.
[2] Pascarella, E. T, Terenzizi, P. T. How college affects students: a third decade of research [M]. San Francisco: Jossey-Bass, 2005: 17-50.

的重要影响，与努力质量理论相比，学生参与理论更加突出了学生在学习活动参与过程中学习环境的重要影响。这两个理论已经有了"学生参与度理论"内容的倾向，为该理论的提出打下了坚实基础。

库教授在佩斯和阿斯汀理论的基础上提出了"学生参与度理论"，该理论秉承了前两个理论注重学生投入到学习活动实践中时间和精力的传统，并同时强调支持性校园环境对大学生学习活动和学习收获的重要影响。参与度一般包括两个方面的内容：一是学生自己的个人行为，主要包括个人的学习投入和努力程度，个人对教育资源的使用，与教师的交流、与同伴的交往情况等；二是学校的教育投入情况，包括学校能够为学生发展提供资源的情况，以及学校的教育政策和校园环境等对学生学习的支持状况等（见图3-1）。[①] 这其中暗含的重要假设是，学生投入到学习活动中的时间和精力越多，与教师、同学交流的程度越高，获得的发展程度也就越大；学校的教育资源、政策和校园环境等越能支持和吸引学生，调动学生参与的积极性，使其将更多的时间和精力投入到学习活动之中，学生经过大学教育的收获也就越大。图3-1一方面反映了学生的学习参与程度是提高学习活动质量、获得学习收获的基础性和前提性条件，学生参与通过个人的努力，以及与学校教育环境的相互

---

① Shouping Hu, George D. Kuh. Maximizing what students get out of college: Testing a learning productivity model [J]. Journal of College Student Development, 2003, (4): 185-203.

作用，产生一定的学习收获（周作宇，周廷勇，2007）。[①] 另一方面也揭示了学校至少通过三种方式影响着学生的学习：一是学校通过积极组织其智力资源、政策与实践活动设计等去吸引学生，使其以更高的努力水平参与到有目的的学习活动中去（Astin，A. W，1993；[②]Hu，S.，Kuh，G. D.，2002；[③]Kuh，G. D，2001[④]）；二是通过提高学生的学习效率或经个人努力产生的学习收获水平，以此来提高学生的学习活动质量（Groccia，J. E.，et al.，2000）；[⑤] 三是提高学生判断学习收获的基准线，以此促使学生以更大的精力投入到学习活动过程之中，从而获得更高的学习收获水平（Ethington，C. A，2000）。[⑥]

① 周作宇，周廷勇. 大学生就读经验：评价高等教育质量的一个新视角 [J]. 大学·研究与评价，2007，(1)：27–31.

② Astin, A. W. What matters in college：Four critical years revisited [M]. San Francisco：Jossey-Bass, 1993：2–8.

③ Hu, S., Kuh, G. D. Being (dis) engaged in educationally purposeful activities：The influence of student and institutional characteristics [J]. Research in Higher Education, 2002, (43)：555–575.

④ Kuh, G. D. Assessing what really matters to student learning：Inside the national survey of student engagement [J]. Change, 2001 (b), 33 (3)：10–17, 66.

⑤ Groccia, J. E., Miller, J. E. (Eds.). Enhancing productivity：Administrative, instructional, and technological strategies [M]. San Francisco：Jossey-Bass, 2000：3–29.

⑥ Ethington, C. A. Influences of the normative environment of peer groups on community college students' perceptions of growth and development [J]. Research in Higher Education, 2000, (41)：703–722.

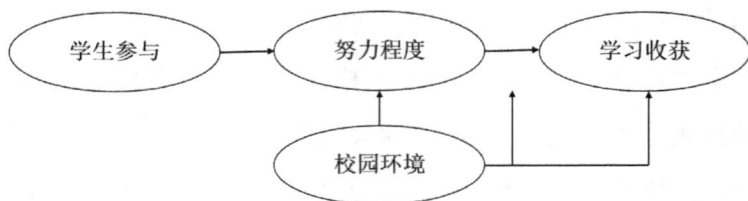

图 3-1　学习效率模型

资料来源：Shouping Hu，George D. Kuh. Maximizing what students get out of college：Testing a learning productivity model [J]. Journal of College Student Development，2003，（4）：185-203.

　　从整体上看，大学生学习活动质量主要体现在学生学习参与和努力的质量，以及参与学习活动之后学习收获的质量上。该理论模型还着重考察了影响大学生学习活动质量的两个重要主体——学生个体和校园环境，关注学生自身在校园学习生活中到底做了什么，以及学校为学生的发展又做了什么。从学生个体发展的角度来看，学生发展主要受学生自身的主观能动性和学生外界环境因素的影响。学生的主观能动性主要表现在其学习动机、学习规划、学习自主性和投入程度等方面，主观能动性较强的学生能够端正自己的学习动机，合理制订学习计划，积极主动地将自己的时间和精力投入到各项学习活动中去，学习的自我卷入程度较高，所以学习活动质量较高，获得的发展程度也就越大；环境是影响个体发展的重要因素，学生主要生活在校园之中，学校环境是影响学生发展的主要外部因素，学校能够提供给学生的学习资源越多、学校的政策制度设计和活动导向等越能吸引和支持学生参与到学习活动中、学生感受到的校园环境越能够支持自身的学习与发展，大学生就能够更好参与和开展学习活动，也就越能够获得更大的学习收获，学习活动的质量也就越高。这一理论给我们的一个重要启示是：学校的教育质量如何，就是要看学生学习活动的质量和经过学生的努力所能获得学习收获的基本状况，以及学生个人在学习活动中的学习参与和努力的程度，学校的资源和政策等对学生发展的支持力度。根据"学生参与度理论"可知，学生的个人因素和校园环境因素是影响学生学习活动质量的两个重要因素，学生在各项学习活动中的参与和努力程度直接影响着学习活动的质量，校园环境因素也对学习活动质量具有十分重要的影响（Gonyea，R.M.，et al.，2003）。

二、"3P 理论模型"

20 世纪 80 年代，澳大利亚学者比格斯（John Biggs）在对学生学习过程展开深入研究的基础上，根据学生学习的三个重要时间节点，将各种与学习有关的活动嵌入该时间节点之中，该理论认为在前置因素（Presage）、过程因素（Process）和结果因素（Product）这三个阶段中，每个阶段中的各因素既相互独立，又彼此交互，共同影响和决定着学生的学习行为方式和最终学习结果（J. Biggs，1993），[①] 学生最终的学习结果是前置因素和过程因素共同作用的结果。在这个模型中，前置因素包

[①] John Biggs. From theory to Practice：A cognitive systems approach [J]. Higher Education Research and Development, 1993,（12）：73-86.

括学生的个体因素和学习环境因素，其中个体因素是指与个体
有关的各种因素，主要是指学生的个体特征、人口学变量特征
和已有的背景知识基础等方面；学习环境因素包括学校课程的
科目、教师的教学目标、教学方法、教学的氛围和评价方式等。
过程因素包括学生的学习观念与学习环境感知，以及由此产生的
学习行为方式两个方面，学生的学习观念包括学习观、学习的价
值取向和学习动机等，学生感知的校园环境包括教师的教学目标
和有效教学的情况等，学习活动的行为方式包括学习行为、学习
方法和学习质量等方面。结果因素是学生经过学习活动而产生的
学习收获的内容，包括知识技能、情感和价值观等方面。

比格斯研究初期的 3P 理论模型并没有考虑到学生的学习
观念和对学习环境的感知这两个要素，这两个要素的引入得益
于特里格韦尔等人的贡献。模型建立初期，比格斯的研究认
为，学生的个体因素和学习环境因素，影响着学生在学习活动
过程中的学习行为方式和学习质量，并最终影响到学生的学习
结果。但在比格斯所描述的学生学习活动过程中，学生的个体
因素和学习环境因素都仅指的是客观的因素，在学生的个体因
素方面，不但与学生的个性特征和人口学变量特征等客观因素
不同，学生的学习观和学习取向等主观因素也有很大差异；在
学习环境方面，就算是学生都处于同样客观的环境，但是学生
对该环境的主观体验也有所差异，这也就是说比格斯的理论相
对忽视了学生的主观因素和学生对学习环境的内化因素。特里
格韦尔等人在比格斯 3P 理论模型的基础上，进一步弥补和完

善了原来理论的不足，突出了学生主体的主观变量和主观因素对学习活动行为方式的影响，他们将大学生的个体因素分为客观和主观两个方面，而且学生的主观个体因素会受到客观个体因素的影响；同时将学生学习的外在环境因素分为客观环境因素和学生所感知的主观环境因素，客观环境因素会影响学生所感知的主观环境因素。这些客观的个体因素和环境因素，以及学生主观的个体因素和感知的环境因素，均对大学生在学习活动中的行为方式以及最终的学习结果产生十分重要的影响，最终形成了修订后的 3P 理论模型（见图 3-2）。①

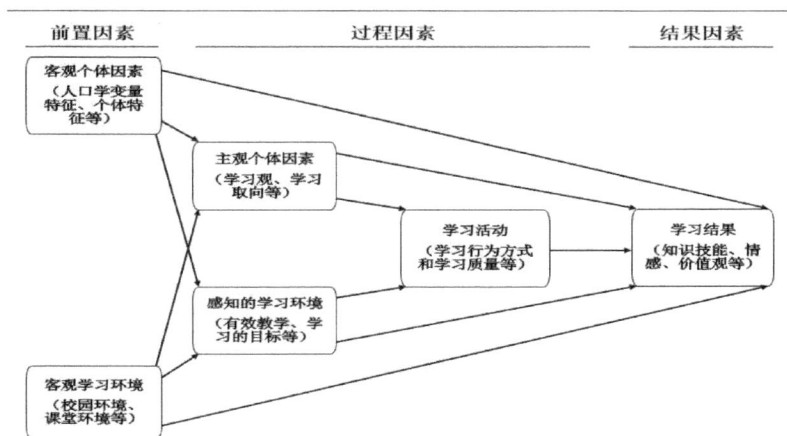

图 3-2 特里格韦尔等修订的 3P 理论模型图

资料来源：John Biggs. The Process of Learning [M] .Prentice Hall of Australia Pty Ltd., 1993. 和 M.Prosser，K.Trigwell. Understanding Learning and Teaching：the Experience in Higher Education [M].McGraw Hill Education，1999.（模型有改编）

----

① 杨院 . 大学生学习方式实证研究：基于学习观与课堂学习环境的探讨 [M]. 北京：教育科学出版社，2014：56-58.

特里格韦尔等人修订 3P 理论模型的意义，恰恰在于其突出了学生的主体地位和学生在学习活动过程中的中心地位。该理论模型所暗含的核心观点验证了 David Boud（2006）的研究结论，其研究认为学生并不是生活在客观的世界中，而是在自己的经验世界里，教师教学的问题不在于教师如何设计其所教的课程，而在于学生理解教师所教课程的方式。[①] 这也和 M.Prosser 等（1999）的观点一致，其认为教学的过程应换个视角来思考，教师应从学生的角度来思考教学，教师在教学的过程中应考虑到学生主体经验的差异，并应该意识到这种差异会对学生感知并体验教学内容产生很大的影响，教师需要从学生的角度来审视自己的教学内容设计。[②] 在该理论模型中，影响学生学习活动行为方式和质量状况以及学生学习结果的因素，主要有学生个体因素及其对学习环境的感知因素，且两个影响因素之间也紧密联系、相互影响；学生在学习活动中的行为方式和学习质量不仅是影响学习结果的重要因素，而且其本身也是学习结果的重要组成部分，评价学生的学习活动的过程也是评价其学习结果的重要内容（吴维宁，2006）。[③]

[①] David Boud. Aren't we all learner-centered now? The bittersweet flavor of success. In Paul Ashwin ed, Changing higher education-the development of learning and teaching[M] .Routledge: Taylor & Francis Group, 2006：8-32.

[②] M.Prosser, K.Trigwell. Understanding learning and teaching：The experience in higher education [M].McGraw：Hill Education, 1999：23-35.

[③] 吴维宁 .过程性评价的理念与方法 [J].课程教材教法, 2006, 26（6）：18-22.

三、本研究的理论依据

"学生参与度理论"和"3P 理论模型"从不同的角度为本研究提供了理论基础，综合两个理论可以得到本研究深入开展的理论依据。

首先，"学生参与度理论"为本研究分析大学生学习活动质量的基本状况及其影响因素，提供了第一个层面的理论视角。从该理论中可以直观看出，大学生在学习活动中的参与和努力程度直接反映了其学习活动的质量，同时大学生学习活动的质量也会通过其参与学习活动后产生学习收获的程度反映出来。这也就是说，大学生在学习活动中的学习参与和努力程度越高、参与学习活动后产生的学习收获越大，往往其学习活动质量也就越高。另外，该理论模型也反映出了影响大学生学习活动质量的因素：一是学生的个体因素，表现在学生对学习活动的参与和努力程度上，直接影响着学习活动的质量；二是学校的校园环境因素，即学校的特点、学校的投入，学校对学生开展学习活动所提供的资源条件，以及学生所感受到校园环境对其学习和发展的支持程度等，这些校园环境因素都对学习活动质量具有重要的影响。

其次，比格斯的"3P 理论模型"为本研究分析大学生学习活动质量的影响因素，在学生个体变量和环境变量上提供了更加深入的第二个层面的理论视角。在该模型中，深刻地揭示了学生的个体变量和学习环境变量是影响其学习活动行为和质量的重要因素。学生的个体变量包括客观的个体变量和主观的个体变量，学习环境也包括客观存在的环境和学生感知的环境两个部分，这四个因素交互作用对学生的学习活动质量和学习结果产生着直接或间接的影响。从该理论模型中抽取出学生学习活动质量的影响因素，概括起来主要有两个方面：一是个体因素，一方面直接影响学习活动的质量，另一方面通过影响学生对校园环境的感知来间接影响学习活动质量；二是校园环境因素，或直接影响学习活动的质量，或通过影响学生主观个体因素来间接影响学习活动的质量。

将"学生参与度理论"和"3P 理论模型"结合起来看，影响大学生学习活动质量的因素主要包括学生主客观个体变量和主客观环境变量这四个变量。在学生个体变量上，客观个体变量是学生客观存在的显性差异变量，是学校和教师很容易掌握的学生信息，如学生性别、年级、生源地等信息；主观个体变量是不同学生之间在个体主观层面存在的隐性差异变量，如学生学习动机、学习兴趣、学习方法等，这些变量虽然也是客观存在的，但对于学校和教师来说相对难以发现和掌握。从学校教育的角度看，尽管学生主客观个体变量都会对学习产生重要影响，但相对来说在具体教育教学实践中，教师往往难以全面掌握每位学生的主观个体变量信息，进而使得主观个体变量对教育教学活动的影响程度有限；并且，"3P 理论模型"也指出，学生客观个体变量不仅会对学习结果产生直接影响，而且也会通过主观个体变量对学习结果产生间接影响。所以，相比较而言，研究学生客观个体变量对学习活动质量的影响更具教育意义。在环境变量上，学习环境是影响学生学习客观存在的外部变量，学生学习所处的客观环境虽然会直接影响到学生学习，但更多的是通过影响学生内心感受来间接地影响学习。对于学生个体来说，外在学习环境固然重要，但更重要的是其是否对学生内心产生了影响以及产生了多大的影响，关键是学生到底从外在学习环境中感受到了什么信息。也就是说，学生主观感知的校园环境变量对其学习活动质量具有更重要的影响。再者，影响学生学习的客观环境变量十分复杂，在实践中往往很难对这些客观环境因素进行系统分析和研究，而对于学生来说其主观感知的学习环境因素不仅是相对稳定的，而且对其学习的影响也更为直接。因此，相比较而言，研究学生感知的校园环境变量对学习活动质量的影响更具教育意义与可行性。基于以上分析，本研究在准确把握大学生学习活动质量基本状况的基础上，将着重分析学生客观个体变量和感知的校园环境变量对其学习活动质量的影响机制。

在"学生参与度理论"的基础上，引入"3P理论模型"中学生的客观个体变量，将学生对学习环境的感知和支持性的校园环境结合起来，最终形成了本研究的理论分析框架（见图3-3）。在本研究的理论分析框架中，大学生学习活动质量位于中心位置：一方面，通过学生学习活动参与程度和学习收获两个角度来考察大学生学习活动的质量状况。由学生参与度理论可知，学生学习参与和努力的质量以及学生参与学习活动之后产生学习收获的质量直接反映了学习活动的质量；由 3P 理论模型可知，学生学习活动行为方式和学习活动质量本身就是考察学习收获（学习结果）的重要组成部分。这也就是说，大学生学习活动质量与学习参与程度，以及学习活动质量与学习收获之间相互关联、彼此影响。另一方面，通过学生的客观个体变量与感知的校园环境变量两个角度来分析大学生学习活动质量的影响因素。两个理论均认为学生个体变量和校园环境变量对学生学习活动质量具有重要的影响，特别是从 3P 理论模型中可知，学生感知的校园环境变量对学习活动质量具有直接影响，学生的客观个体变量在直接影响学习活动质量的同时，也会通过影响学生感知的校园环境变量来间接地影响学习活动质量。

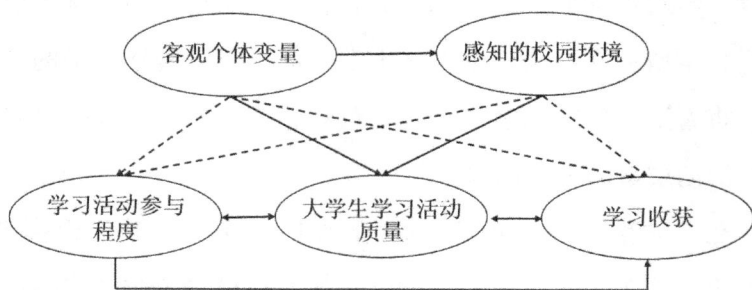

图 3-3　大学生学习活动质量研究理论分析框架

在图 3-3 中，通过对大学生对于学习活动的参与程度，及其参与学习活动后产生学习收获的分析，可以了解和把握大学生学习活动质量的基本状况，明确其中存在的基本问题。学生的客观个体变量和感知的校园环境均会直接影响其学习活动的质量，并且学生客观的个体变量也会通过影响其感知的校园环境变量间接地影响学习活动质量，通过对这些影响因素对学习活动质量的影响大小和影响路径的分析，可以明确和把握大学生学习活动质量的影响因素。

第二节　研究内容设计

通过对大学生学习活动质量已有研究的综述，找到了本研究的切入点；通过对大学生学习活动质量研究理论依据的梳理，确定了本研究深入开展的理论依据；通过对大学生个体因素和校园环境因素对学习活动质量影响的梳理，明确了本研究深入开展的基石。在把握现状、依据理论和明确基石的基础上，进一步确定本研究深入开展的具体研究内容、研究假设、技术路线。

一、研究内容

本研究的核心研究目标是，在通过实证调研明确大学生学习活动质量基本状况及其影响因素的基础上，探索提出提高大学生学习活动质量的对策建议。基于此研究目标，本研究的核心研究内容主要包括以下三个方面。

第一，厘清大学生学习活动质量的基本状况。首先，通过对大学生学习活动参与度和努力程度的分析，把握大学生学习活动质量整体状态，并分析其在各人口学变量上的差异特征；

其次，通过对大学生学习活动参与和努力质量对其学习收获影响程度的分析，进一步掌握大学生学习活动质量的实际状况。其中，大学生学习活动类型主要包括利用图书馆活动、利用计算机及信息技术、课程学习、写作经验、生师相处的经验、参加美术音乐戏剧方面的经验、利用校园设备的活动、参加学生社团和组织活动、个人经历、同学交往、科学与量化的经验、谈话话题和谈话中的信息这 13 个方面。

第二，分析大学生学习活动质量的影响因素。本研究以学生客观的个体变量和学生感知的校园环境变量为两个主要影响因素，分析二者对大学生学习活动质量的影响。其中，学生客观的个体变量主要包括学生的性别、年级、是否为独生子女、是否生长于单亲家庭、生源地、政治面貌、是否担任学生干部、父母的最高学历、兴趣爱好类别和是否在大学期间谈恋爱等 12 个方面，学生所感知的校园环境是主观的环境变量，包括学生感知的学校对学生学术环境和实用环境的重视程度，以及校园人际关系环境对大学生学习活动的支持状况这 3 个方面。

第三，提出大学生学习活动质量的提升路径。在理论分析框架的指导下，针对大学生学习活动质量存在的突出问题，以及大学生学习活动质量的影响因素，结合对大学生的深入访谈与我国大学教育教学的实际状况，有针对性地提出大学生学习活动质量的改善建议，助力提高大学生学习活动质量。

二、研究假设

基于研究目标和研究内容，本研究的主要研究假设包括以下几个方面：

（1）大学生参与不同类型的学习活动都会对学习收获产生显著影响。

（2）不同类别的大学生在学习活动质量上都存在着显著差异。

（3）客观个体变量对大学生学习活动质量具有显著影响，同一个客观个体变量内部对大学生学习活动质量的影响也各不相同。

（4）学生感知的校园环境变量对其学习活动质量具有显著影响。

（5）学生感知的校园环境变量对学习活动质量的影响大于客观个体变量。

（6）客观个体变量通过感知校园环境变量对学习活动质量产生间接影响。

三、技术路线

根据研究的理论依据，以及本研究的研究内容与研究假设，可以得到本研究整个研究过程的技术路线图（见图3-4）。

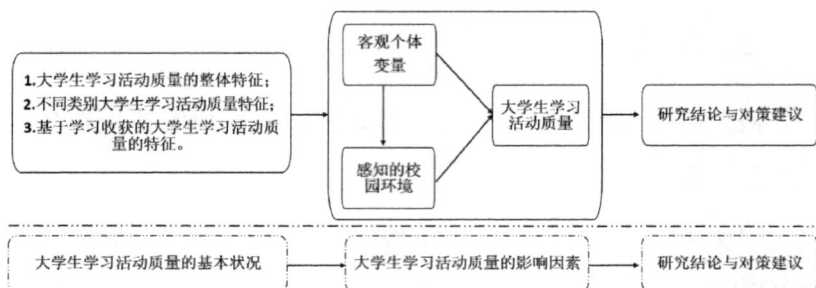

图3-4　大学生学习活动质量研究技术路线图

第三节　实证调研设计

作为一项实证研究，收集第一手实证资料显得尤为重要。尤其是如何保证调查样本的代表性、怎样深入了解大学生填写问卷背后的真实想法，这些问题对于准确把握大学生学习活动质量基本状况及其影响因素来说显得尤为重要。只有对实证数据的收集与处理以及定性访谈的开展进行系统设计，才能有效保证调查样本的典型性、代表性和科学性，准确把握大学生的真实想法。

一、实证数据收集与处理

本研究借助成熟的调研工具，对北京地区高校在读本科生进行分类分层抽样，以全面获取大学生学习活动质量第一手数据资料，在对实证数据进行统计分析的基础上，把握大学生学习活动质量的基本状况及影响因素。

（一）调查工具 [1]

根据研究目标和研究内容，本研究选用的调查工具是"中国大学生就读经验问卷"，该问卷已在国内外进行了较大范围的实证调研，在长期的使用中验证了该问卷具有良好的信度和效度。在收集到实证数据之后，采用描述统计、差异检验、多元回归、结构方程模型等统计方法，对相关数据进行加工处理。

1. 调查工具介绍

本研究使用的调查工具是"中国大学生就读经验问卷"（问卷提纲见附录 A），该问卷由北京师范大学周作宇教授研究团队，从美国的"College Student Experiences Questionnaire（CSEQ）"第四版修订而来，修订后的大学生就读经验问卷，主要用来测评大学生对其课内外学习活动的参与程度，及其对校园环境支持度和学习收获状况的评价。问卷包括四个部分：第一部分为背景信息。如学生的年龄、性别、民族、专业、父母受教育程度、学费来源、年级等，本研究在修订问卷时对该部分进行了补充，又增加了诸如生源地、是否为独生子女、是否担任学校或班级干部等方面，补充后的背景信息部分一共有 24 个问题。第二部分为大学生学习活动参与质量量表。着重考察大学生在这些活动中的参与和努力程度，具

---

[1] 注：本部分参考了《北京师范大学本科生就读经验调查报告》和 *College Student Experiences Questionnaire Norms for the Fourth Edition*（Gonyea, R.M., Kish, K.A., Kuh, G.D., Muthiah, R.N., Thomas, A.D. College student experiences questionnaire: Norms for the fourth edition [R]. Bloomington, In: Indiana University Center for Postsecondary Research, Policy, and Planning, 2003.）。

体包括利用图书馆活动（Library Experiences）、利用计算机及信息技术（Computer and Information Technology）、课程学习（Course Learning）、写作经验（Writing Experiences）、生师相处的经验（Experiences with Faculty）、参加美术音乐戏剧方面的经验（Art，Music，and Theater）、利用校园设备的活动（Campus Facilities）、参加学生社团和组织活动（Clubs and Organizations）、个人经历（Personal Experiences）、同学交往（Student Acquaintances）、科学和量化的经验（Scientific and Quantitative Experiences）、谈话话题（Topics of Conversation）和谈话中的信息（Information in Conversations）这13种大学生学习活动，共有112个问题，这些问题的选项采用四级等级式选项，1级（从未）、2级（偶尔）、3级（经常）和4级（常常）。另外，这部分还包括了学生所阅读的书的数量和写作文章的数量这两个问题。第三部分是大学生感知的校园环境质量量表。主要是学生对其所感觉到的与学习和个人发展有关的学校环境，共有10个问题，包括对学术环境（Scholarly）、实用环境（Practical Factor）和人际环境（Personal Relations）三个层面的感知，前两个层面问题的选项被分为从1级（很不重视）到7级（很重视）这7个水平，人际关系的层面测量的是学生对自己与他人关系（同学、管理者、教师）的满意度，问题的选项被分为1级（疏远性的）到7级（支持性的）这7个水平。第四部分是大学生学习收获质量量表。这部分主要测量学生对自己学习收获情况的评估，其中包括对其在个人发展（Personal

Development）、科学技术（Science and Technology）、通识教育
（General Education）、职业准备（Vocational Preparation）和智
慧能力（Intellectual Skills）5 个层面收获的评估，该部分一共
有 25 个问题，问题的选项是 1 级（很少）、2 级（一些）、3 级
（多）、4 级（很多）。除问卷的基本信息外，问卷整体主要包括
3 个子量表，下面对问卷的结构作以具体说明。

　　第一个量表是大学生学习活动质量量表。

　　大学生就读经验问卷有一个与学生学习有关的简单而又重
要的前提是：学生越是非常认真且充分地运用学校提供给他们
的各种学习和发展的机会与资源，他们就越能有更多的收获。
佩斯用参与质量（Quality of Effort）来描述学生和校园环境的这
种独特互动。参与质量与学生学业成绩、满意度有较大关联，
它是研究学生学习和发展最为重要的组成要素。具体说来，在
CCSEQ 中，大学生学习活动部分的问题主要是了解学生本学年
来参与学校各种活动的频繁程度，以此来反映大学生的参与和
努力程度。选项包括"常常""经常""偶尔""从未"，并分别
将其赋值为 4、3、2、1 分。这些问题是本问卷的主要构成部
分，又被分为 13 个参与质量量表。每个量表又包含了 5 到 11
个从容易到困难的活动。也就是说，在这些量表中，有些学习
活动对大学生来说相对容易一些且是他们经常参与的，而有些
活动相对困难且并不是那么平常的活动。因此，要想在参与质
量量表上取得高分，大学生必须经常经历那些难度较大的活动
并有良好表现。表 3-1 列出了 13 个学生参与质量量表。可以

在下文的分析中参看各个量表中的问题项。在这 13 个参与质量量表后面，还有 5 个问题是测量学生在本学年阅读的数量（教科书或指定的参考书、指定的课程阅读材料以及没有特别指定的书目）和写作数量（课堂上的测验报告、作业或其他书写报告）。而且，本问卷还测量了学生对他们每周花在学习、做课后作业和其他与学习有关的活动上的时间。

表 3-1　大学生学习活动质量量表

子量表	对应的模块
利用图书馆活动质量量表	利用图书馆的活动（Library Experiences）
利用计算机及信息技术水平量表	利用计算机和信息技术（Computer and Information Technology）
课程学习参与质量量表	课程学习（Course Learning）
写作参与质量量表	写作经验（Writing Experiences）
与教师交往的程度量表	与教师交往的经验（Experiences with Faculty）
参与美术、音乐、戏剧的质量量表	参与美术、音乐与戏剧活动的经验（Art，Music，and Theater）
利用校园设施情况量表	利用校园设备的活动（Campus Facilities）
参与学生社团和组织的质量量表	参与学生社团和组织活动（Clubs and Organizations）
个人经历程度量表	个人经历（Personal Experiences）
与同学交往的程度量表	同学交往（Student Acquaintances）
科学和量化的参与质量量表	科学和量化的经验（Scientific and Quantitative Experiences）
谈话话题量表	谈话话题（Topics of Conversation）
谈话信息量表	谈话信息（Information in Conversations）

第二个量表是大学生感知的校园环境质量量表。

学生对大学环境特征的感知和认识是描述大学环境的一种重要方法。美国学术界对"大学环境感知"的认识已经形成了固定的模式，他们一般将大学环境分为学术的、人文的、实用的或职业性的、支持性的和强调群体利益的几个维度。大学生就读经验问卷在该基础上开发了 10 个问题以评估学生对校园学习环境的心理感知。前面 7 个问题主要是让学生对促进其各方面发展的校园环境进行打分，包括对学术环境（学术、人文、智力、创造性、批判性和分析性品质）和实用环境（理解力、鉴赏力、信息搜索能力、胜任能力、知识应用能力）两个方面的感知，学生对这 7 个问题评价打分的赋值情况为：7 分为很重视，1 分为很不重视。后 3 个问题是学生对他自己与他的同学、行政办公室教师和教师的关系等人际环境的评价，这种评价分为两极，一极是竞争的、刻板的、不可及的，另一极是友好的、有帮助的、可接近的。除此之外，本问卷还设计了旨在了解学生对大学的满意度的问题，即"你喜欢你的学校吗？"和"如果让你从头开始，你会再选择你现在所在的学校吗？"关于学生对大学环境感知的主要问题可见表 3-2。

表 3-2　大学生感知的校园环境质量量表

模块	对应的题项
对学术环境的 重视程度 （Scholarly）	1. 强调发展学科、学术及智力品质
	2. 强调发展艺术、表现及创造品质
	3. 强调发展批判、评价和分析品质
对实用环境的 重视程度 （Practical Factor）	4. 强调发展对人类特点多样性的理解与鉴赏力
	5. 强调发展信息科技搜索能力（利用计算机、其他信息源）
	6. 强调发展职业及专业胜任力
	7. 强调课程与个人的相关性及实用价值

续表

模块	对应的题项
人际环境支持度（Personal Relations）	8. 与其他同学的关系
	9. 与行政人员及办公人员的关系
	10. 与教师的关系

第三个量表是大学生学习收获质量量表。

问卷的最后一部分是学习收获质量测评量表。主要是要求学生反思他们在学校的整体经验和估计他们在与高等教育目标有关的 25 个问题上所取得的进步和收获。这 25 个收获测评的问题涵盖了大学生全面发展的全部内容，主要测评大学生在诸如获取就业信息的能力、清晰且有效的写作能力、对自我和他人的理解能力、获得分析性和逻辑性思考的能力等方面的产出。具体包括对学生个人发展、科学技术、通识教育、职业准备和智慧能力 5 个层面收获的测评，每个层面包括 3—6 个问题，问题的选项采用四分量表的记分方法：很多 = 4，多 = 3，一些 = 2，很少 = 1。表 3-3 列出了学生收获测评的问题，该部分要求学生反思他们在大学经验中的实际收获，这与学术界对于产出评估的价值增值法是具有内在一致性的。也就是说，个体在上大学之后，会在知识、价值、态度和能力等方面产生许多差异和变化。正如佩斯所说，学生最清楚他们进入大学的时候是什么样子，因而他们的收获评价实际上是对其自身学习价值增值的判断。

表3-3　大学生学习收获质量量表

模块	对应的题项
职业准备（Vocational Preparation）	1. 获得知识和技能，它们可用于专门的职业或工作（职业准备）
	2. 获得在职业（专业）、科学或学术领域接受继续教育的背景知识及专门知识
	4. 获得也许与某种职业相关的一定范围的信息
通识教育（General Education）	3. 获得涉及不同领域知识的宽泛的综合教育
	5. 在美术、音乐及戏剧的理解力和鉴赏力方面得到发展
	6. 对文学作品的熟悉程度及欣赏水平得以扩展
	7. 明白历史对理解现在和过去的重要性
	8. 获取世界其他地区及其他民族的知识（如亚洲、非洲、南美洲等）
	12. 了解不同的哲学、文化及生活方式
智慧能力（Intellectual Skills）	9. 清晰而有效地写作
	10. 当和别人讲话的时候，能有效地发表自己的观点和信息
	11. 使用电脑及其他信息技术
	21. 分析的和逻辑思维能力
	23. 整合观念、理解观念之间的关系、相似性及不同点
	24. 主动学习、积极思考，寻找你所需要的信息
个人发展（Personal Development）	13. 形成你自己的价值及伦理标准
	14. 了解你自己，了解你的能力、兴趣和个性
	15. 增强与不同的人交往的能力
	16. 发展与人合作的能力
	17. 养成锻炼身体、保持健康的习惯
	25. 学会适应新变化（新技术、不同的工作或个人环境等）
科学技术（Science& Technology）	18. 理解科学和实验的本质
	19. 了解科学技术的新发展
	20. 了解科学技术的新运用所带来的结果（利益、灾害、危险）
	22. 分析量化性问题（理解概率、比例等）

2. 信效度检验

尽管"大学生就读经验问卷"已经是十分成熟的量表，在全美范围内都有非常广泛的应用。汉化版经过周作宇教授团队的修订，在我国也开展了大量的实证调查，这些实证研究均证明了该问卷具有良好的信度和效度，但为了进一步确定修订后问卷的信度和效度，以及其对中国大学生心理特征测量的符合程度和对本研究的适切程度，很有必要对问卷的信度和效度再次进行检验。

问卷的信度检验：信度（Reliability）是指测量工具所测结果的稳定性及一致性的程度，一般分为外在信度（External Reliability）和内在信度（Internal Reliability）两个方面（吴明隆，2010）。[①]外在信度是从时间维度上考察问卷的信度，通常指不同时间测量结果的一致性程度，表现为再测信度。由于各种条件所限，我们无法通过再测信度对问卷的外在信度做出分析和评价，但在本研究展开调查之前，周作宇教授已经组织了较大范围的调查，并依据调查数据对问卷的信度进行了测试，2002 年对北京地区的 9 所高校发放了 1000 份问卷，回收了 914 份，测量的 Cronbach's alpha 系数（α 系数）为 0.93（周廷勇，周作宇，2005），[②] 2009—2010 学年对北京某重点高校发放了 3037 份有效问卷，α 系数为 0.90（白华，2013），这些调

---

① 吴明隆 . 问卷统计分析实务——SPSS 操作与应用 [M]. 重庆：重庆大学出版社，2010：237-238.
② 周廷勇，周作宇 . 关于大学师生交往状况的实证研究 [J]. 高等教育研究，2005，（3）：79-84.

查都表明了"中国大学生就读经验问卷"具有很好的信度。内在信度是指每个量表是否在测单一的概念，同时组成量表的各题项的内在一致性如何，常用 α 系数和各题项内部的相关系数表示。当量表的 α 系数在 0.9 以上则认为量表是十分理想的，而本次调查数据，整个量表的 α 系数为 0.984，所以认为该量表本身的信度较高。表 3-4 至表 3-22（见附录 B）分别报告了问卷中各个维度和层面上的信度 α 系数和相关矩阵，学生参与大学活动量表的信度范围在 0.889—0.952 之间，校园环境量表的 α 系数在 0.795-0.942 之间，收获测评量表的 α 系数在 0.895—0.929 之间，且各量表内的题项之间也存在着显著性相关，表 3-17 报告了学生参与大学活动质量量表在各维度上的相关性，其相关系数在 0.388—0.900 之间，表 3-19 显示校园环境量表在各维度上的相关系数在 0.444—0.907 之间，表 3-21 报告了收获测评量表各维度间的相关系数在 0.687—0.884 之间，整个量表三大模块的相关系数也在 0.402—0.658 之间（见表 3-22）。基于以上分析认为"中国大学生就读经验问卷"具有良好的信度。

问卷的效度检验：效度（Validity）是调查中十分关键的问题，效度一般指测量工具能够测到该测验所欲测的心理或行为特质的程度，通俗来讲就是能够在多大程度上测量到自己想测量的东西。测量工具的效度一般可以分为内容效度（Content Validity）、效标关联效度（Criterion-related Validity）和建构效度（Construct Validity）。内容效度是量表内容或题目的适切性与代表性，即测验内容能否反映所要测量的心理特质，能否达到测量的目的或行为构念，一般通过专家判断、经验检验和折半信度等统计方法来评估；效标关联效度指测验与外在效标间关系的程度，反映的是测验预测个体在某种情境下行为表现的有效性程度，效标关联效度常通过计算测验分数与效标测量的相关性和考察测量结果能否区分成为效标测量所定义的群体等方法来评估；建构效度是指量表能够测量出理论的特质或概念的程度，也就是实际的测量分数能够解释多少某一心理特质，一般通过内容效度和效标关联效度来评估建构效度，当一个测量工具的内容效度和效标关联效度较好时，该工具的建构效度也比较好（吴明隆，2010）。[①] 所以对于测量工具的效度而言，最关键的在于对内容效度和效标关联效度的评估。"大学生就读经验问卷"主要为了了解大学生在大学里的活动情况、他们对学校环境的认识，以及他们对其学习收获的自我测评。从内容效度方面来看，该问卷原版由美国印第安纳大学高等教育研究与规划中心（Center for Postsecondary Research, Policy, and Planning Indiana University Bloomington）提供，问卷由美国著名教育专家 George D. Kuh, Robert M. Gonyea, Kelly A. Kish, Richard N. Muthiah 和 Auden D. Thomas 等组成的大学生就读经验调查课题组（College Student Experiences Questionnaire Research Program）开发，该问卷的第一版由 C. Robert Pace（1970）开发，

---

① 吴明隆. 问卷统计分析实务——SPSS 操作与应用 [M]. 重庆：重庆大学出版社，2010：194-208.

后来在理论研究和实证调研的基础上不断修订完善，实证调查表明该问卷基本能够测量在各个层面上的所有内容（Gonyea，R.M.，et al.，2003）。该问卷的本土化修订工作由北京师范大学周作宇教授主持，研究团队在问卷翻译过程中采取了"互译"的方法，在翻译成中文后，又请有关人员将翻译的中文译成英文，然后对比两个版本的差异，最后对中文做出修改和调整，之后在国内又请教育界的有关人士对问卷的内容提出修改建议，才最终定稿。因此认为，该问卷的本土化版本也具有良好的内容效度。本调查的效标关联效度通过对测量结果能否区分成为效标测量所定义群体的方法来评估，也就是采用因子分析法来确定，这也能同时反映问卷的内容效度。通过因子分析，该问卷总体的 KMO 值为 0.987，通过 Bartlett 的球形度检验，显著性 sig.=0.00<0.001，适合做因子分析。一般来说，如果一个量表问题的内容具有内在一致性，那么在每个量表上的因子分析的结果应该只有一个因子。表 3–23 至表 3–25（见附录 B）分别呈现了学习活动质量量表、校园环境质量量表和收获测评量表中各个问题的单因素负荷量，由因子分析结果可知本问卷的各个子量表都满足这个标准。可以说，本问卷具有良好的效度。

（二）调查对象

基于研究目标和研究内容，根据数据资料收集的方便程度，本研究将问卷调查对象界定为北京地区普通本科院校在读本科生。北京地区高等教育发展条件较好、程度较高，大学类型多样、层次分明，在科学抽样的基础上能够较为全面地覆盖不同层次、不同类型的大学，从而使样本对全国大学生具有较强的代表性。为保证样本的典型性和代表性，在抽样院校选择层面，将北京地区大学根据学校性质分为理工类、工科类、财经类、医药类、师范类、农业类、语言类、艺术类，在每种院校类型中抽取典型的大学作为调查对象进行问卷调查；在院校内部抽样层面，根据各抽样大学每年本科生招生类型和人数，将抽样的标准分为理工、文史和艺术三类进行调查，将每所大学的抽样人数尽量控制在该校在校生总人数的 2%—5%，尽量协调样本在各大学内部的专业和年级分布，尽可能使每所大学的样本能够反映该大学的具体情况。在问卷调查中，尽管个别学校抽样没有达到预期的计划，但在整体上问卷调查的样本分布情况还是比较理想的，能够较好地反映北京地区普通本科高等院校的整体情况。调查共回收问卷 4458 份，问卷回收后，用 SPSS 软件对问卷结果进行录入，将问卷的信息转化为数据，录入之后对问卷进行了部分剔除。剔除数据的考虑有：一是我们的问卷调查范围主要是本科生，但回收的问卷中有些被试在学生类别一题中填写的是研究生或其他，这与本研究的对象显然是不符合的；二是调查问卷填写中，所有的内容都是同一个选项的问卷，这类问卷显然是无效的，不能反映实际问题；三是有太多选项没有填写的问卷，因为尽管较少选项填写缺失可以按照缺失值处理，但是太多选项没有填写则会影响统计整体的信效度，所以也将这部分问卷剔除。经过剔除程序后，剩余有效样本量为 4404 份，有效率为 98.8%（样本分布情况见表 3–26）。

表 3-26　问卷调查样本分布情况

学校	频率	百分比	年级	人数	百分比
哲学	142	3.2	大一	1519	34.5
经济学	583	13.2	大二	1238	28.1
法学	182	4.1	大三	799	18.1
教育学	109	2.5	大四	827	18.8
文学	645	14.6	**生源地**		
历史学	139	3.2	城市	2674	60.7
理学	729	16.6	城镇	760	17.3
工学	1126	25.6	农村	970	22.0
农学	328	7.4	**父母最高学历**		
医学	142	3.2	博士	126	2.9
管理学	208	4.7	硕士	195	4.4
其他	71	1.7	本科	1481	33.6
			大专	1950	44.3
			高中及以下	652	14.8
是否为独生子女			**性别**		
是	3084	70.0	男	1775	40.3
否	1320	30.0	女	2629	59.7

注：法学包含政治学、社会学和民族学，教育学包含体育学，文学包含中文、外文、新闻、艺术等，历史学包含考古学，理学包含数学、生化、天文学、心理学等，工学包含土建、机械、材料、交通等，管理学包含图书馆、情报与档案管理。

（三）数据的处理

　　数据分析目的在于验证研究假设，因此本研究的数据处理方法与研究目标具有高度的一致性。首先，在分析大学生学习活动质量基本状况时，将使用一般描述统计分析、差异检验，以及多元逐步回归分析。使用描述统计分析法了解大学生学习活动质量整体状况，使用 t 检验和 F 检验把握不同类型大学生学习活动质量的差异状况，使用逐步多元回归分析法了解大学生不同类型学习活动质量对学习收获的影响，明确大学生学习活动质量的实际状况。其次，在探索大学生学习活动质量的影响因素时，本研究将使用逐步多元回归分析法、阶层多元回归分析法和结构方程模型。利用多元逐步回归法，把握大学生个体变量和感知的校园环境变量对学习活动质量的具体影响，以及这两个变量中哪些因素对大学生学习活动质量具有显著的影响及其影响的大小；利用阶层多元回归分析法，把握学生个体变量和感知的校园环境变量对大学生学习活动质量影响的主次顺序。最后，在明确了大学生学习活动质量影响因素的基础上，进一步借助结构方程模型，了解这些因素影响大学生学习活动质量的具体实现路径。

从调查工具介绍中可知，本调查问卷除基本信息之外，其他3个子量表的选项设置分别为：大学生学习活动参与质量量表的选项为"从未""偶尔""经常""常常"这4级，大学生感知的校园环境质量量表的选项为"很不重视"到"非常重视"或"疏远的"到"支持的"这7个等级，大学生学习收获测评量表的选项为"很少""一些""多""很多"这4级。由于3个量表的选项数目和内涵不同，从而使得如果在统计中采用等级值赋分法，就会使各部分统计结果的可比性较差，为避免这一问题，本研究在数据统计处理中，将数据按照选项的等级登录后，把3个量表的选项统一采用百分制赋分法进行了转换，将原本登录的1—4分转换成为百分制的0、33.3、66.7和100，将原本登录的 1—7 分转换成为百分制的 0、16.6、33.3、50、66.7、83.4 和 100。

二、定性访谈设计

本研究的核心内容旨在通过数据分析，探讨大学生学习活动质量的基本状况，分析学生的客观个体变量和感知的校园环境变量对学习活动质量的影响，并提出大学生学习活动质量的改善策略。在利用大数据把握大学生学习活动质量状况及影响因素的基础上，本研究还将通过访谈分析来验证实证调研结果，探索数据分析结果背后的深层次原因，以更加准确地把握大学生学习活动质量状况。

（一）访谈提纲设计

在本研究中，定性访谈法主要作为一种辅助的研究方法，使用的目的一方面在于验证实证分析的结果，另一方面在于挖掘实证分析结果背后的深层次原因。所以，访谈提纲的设计与本研究的研究目标和实证分析结果紧密结合，本研究主要希望通过访谈法了解以下信息：一是大学生学习活动质量基本状况的相关信息，了解大学生对其自身学习活动质量状况的真实想法，以及背后的原因；二是大学生的客观个体变量和感知的校园环境变量对其学习活动质量影响的程度、影响的方式，以及其做出影响方式和影响程度判断的原因，并了解除了本研究列出的影响因素之外，还有什么其他重要的影响因素（具体的访谈提纲见附录 C）。

（二）访谈对象选择

由于本研究的实证数据来源于北京地区普通本科院校，所以在选取访谈对象时，严格地从北京普通本科院校的范围内进行选择，使访谈的对象尽可能多样化。在访谈对象的具体选择过程中，本研究充分考虑了访谈对象的学校性质、性别、年级、学科类别、生源地等因素，尽可能使访谈对象多元化、结构均衡化，最大限度地使访谈结论科学化（具体的访谈对象情况见附录 D）。

第四章　大学生学习活动质量的基本状况

　　根据本研究的核心概念和理论框架可知，大学生学习活动质量可从学习活动过程质量和结果质量两个方面来考察。其中，学习活动过程质量主要考察学习活动本身能够调动学生学习参与积极性的程度，以及学生在这些学习活动中的参与和努力程度；学习活动结果质量主要考察大学生参与这些学习活动之后，对其学习收获产生的影响程度，也就是大学生参与学习活动之后在多大程度上产生了学习收获。本部分内容中，前两部分主要是对大学生学习活动质量整体状况及其在人口学变量上的特征分析，主要通过对 CCSEQ 问卷中的"大学生学习活动努力质量量表"的描述分析和差异分析来把握；第三部分内容，则通过对 CCSEQ 问卷中"大学生学习活动努力质量量表"和"学习收获测评量表"之间相关关系和回归关系的分析来进行深入了解。整体上，通过同时对大学生学习活动过程质量和结果质量分析，来了解大学生学习活动质量状况。最后借助定性访谈法，对数据实证分析的结果进行验证与分析，最大限度地使研究结论准确可靠，把握大学生学习活动质量的真实情况。

第一节 大学生学习活动质量的整体状况

大学生学习活动质量及其各模块得分情况见表 4-1，为了使各模块之间具有可比性，在统计分析中均在计算出各模块内部得分均值的基础上，再计算出众数、中数等其他指标的值，使得大学生学习活动质量量表及其各模块得分的均值都成为百分制计分法。大学生学习活动质量量表总得分的均值为 45.85分，中值为 43.53 分，方差、极大值和极小值的差异也十分大，这说明大学生学习活动质量处于中等水平且个体差异较大。再从各模块得分的方差和极大值、极小值来看，得分两极分化也比较严重，且离散程度均比较大，这说明大学生学习活动质量在不同学习活动类型上的个体差异也比较大。从大学生学习活动质量在各模块上得分的均值来看，大学生在利用计算机及信息技术、课程学习模块上得分最高，在生师相处经验、利用图书馆活动模块上得分最低（p<0.001），这反映了大学生在利用计算机及信息技术、课程学习有关的学习活动中的学习质量相对较高，在与生师相处经验和利用图书馆有关的学习活动中的学习质量相对较低。

表 4-1 大学生学习活动质量得分情况统计表

类别	均值	中值	众数	方差	极小值	极大值	t 值
学习活动质量	45.85 ± 0.25	43.53	33.30	289.69	0	100	178.799***
利用图书馆活动	40.33 ± 0.33	37.47	33.30	503.01	0	100	119.352***
利用计算机及信息技术	55.46 ± 0.34	55.55	33.30	509.10	0	100	163.123***
课程学习	51.84 ± 0.28	50.00	33.30	364.68	0	100	180.172***
写作经验	45.58 ± 0.33	42.84	33.30	494.57	0	100	136.024***
生师相处经验	38.61 ± 0.34	33.30	33.30	528.33	0	100	111.497***
参与美术音乐戏剧活动	43.56 ± 0.39	38.07	33.30	669.91	0	100	111.711***
利用校园设备	48.58 ± 0.32	45.82	33.30	464.00	0	100	149.670***
参与学生社团和组织活动	40.63 ± 0.39	33.30	33.30	685.46	0	100	102.993***
个人经历	49.42 ± 0.31	45.83	33.30	431.20	0	100	157.958***
同学交往	46.14 ± 0.31	41.66	33.30	446.05	0	100	144.992***
科学和量化的经验	42.20 ± 0.35	36.65	33.30	569.09	0	100	117.407***
谈话话题	46.27 ± 0.32	43.32	33.30	463.20	0	100	142.688***
谈话中的信息	47.46 ± 0.32	44.43	33.30	465.00	0	100	146.074***

注：N=4404，***p<0.001，本表格中的均值、中值、众数、方差、极大值、极小值和 t 值，都是在计算各模块内部均值的基础上计算得来的，各模块内部均值是被试在该模块上的总得分除以该模块题目数所得到的值。

第二节 不同类别大学生的学习活动质量状况

学生学习和发展的个体差异是客观存在的，不同性别、年级、生源地，以及是否为独生子女和父母最高学历差异下的大学生学习活动质量必然存在一定的差异。本研究借助差异检验，了解不同类别大学生的学习活动质量状况。

一、不同性别大学生的学习活动质量状况

表 4-2　不同性别大学生的学习活动质量特征

类别	性别	均值	t 值	类别	性别	均值	t 值
学习活动	男	45.82 ± 0.43	-0.092	利用校园设备	男	48.96 ± 0.53	0.970
	女	45.87 ± 0.31			女	48.32 ± 0.40	
利用图书馆活动	男	40.40 ± 0.57	0.166	参与学生社团和组织	男	41.43 ± 0.63	1.677
	女	40.29 ± 0.41			女	40.08 ± 0.50	
利用计算机及信息技术	男	53.07 ± 0.56	-5.798***	个人经历	男	46.99 ± 0.51	-6.408****
	女	57.07 ± 0.41			女	51.06 ± 0.38	
课程学习	男	49.48 ± 0.47	-6.783***	同学交往	男	47.35 ± 0.52	3.133**
	女	53.44 ± 0.35			女	45.32 ± 0.39	
写作经验	男	44.42 ± 0.56	-2.837**	科学和量化的经验	男	45.91 ± 0.57	8.541***
	女	46.36 ± 0.41			女	39.70 ± 0.45	
生师相处经验	男	41.38 ± 0.56	6.591***	谈话话题	男	47.66 ± 0.55	3.530***
	女	36.75 ± 0.43			女	45.33 ± 0.39	
参与美术音乐戏剧活动	男	40.94 ± 0.62	-5.556***	谈话中的信息	男	47.72 ± 0.54	0.667
	女	45.34 ± 0.49			女	47.28 ± 0.40	

注：男生有效的 N=1775，女生有效的 N=2629，**p<0.01，***p<0.001。

大学生学习活动质量整体及各具体学习活动类型得分在性别上的差异见表 4-2，经独立样本 t 检验可知，大学生学习活动质量整体在性别上无显著差异，但在具体学习活动类型上则

因学习活动类型的不同而表现出了一定的差异。从不同学习活动类型质量在性别上的差异状况来看，不同性别学生的学习质量在利用计算机及信息技术、课程学习、写作经验、生师相处的经验、参与美术音乐戏剧活动、个人经历、同学交往、科学和量化的经验，以及谈话话题这9种学习活动类型上具有显著差异（p<0.01），在利用图书馆、校园设备，参与学生社团和组织，以及谈话中的信息这4种学习活动类型上没有显著差异（p>0.05）。从具有显著差异的不同学习活动类型的内部差异来看，在利用计算机及信息技术、课程学习、写作经验、参与美术音乐戏剧和个人经历相关学习活动中，女生的学习活动质量要显著高于男生（p<0.01）；在与生师相处的经验、同学交往、科学与量化的经验、谈话话题相关的学习活动中，男生的学习活动质量要显著高于女生（p<0.01）。

二、不同年级大学生的学习活动质量状况

经单因素分析可知（见表4-3），大学生学习活动质量整体在年级上具有显著差异，在具体的学习活动类型上，不同年级的大学生除参与美术音乐戏剧、科学和量化的经验、谈话中的信息这3种学习活动类型上无显著差异之外（p>0.05），在其他的学习活动类型上均具有显著差异（p<0.05）。经多重比较检验可知（见表4-4），虽然大学生学习活动质量整体在年级上具有显著差异，但仅大四学生与其他年级相比具有显著差异，而大一、大二和大三两两之间无显著差异，而从大学生学习活动质

量的整体得分来看，大四学生得分为 48.50 分，这说明大四学生的学习活动质量要高于其他年级的学生。从各具体的学习活动类型来看，大四年级的学生在课程学习和写作经验相关的学习活动上，得分显著高于其他年级的学生，而其他年级之间无显著差异；在利用图书馆、利用计算机及信息技术、生师相处经验相关的学习活动中，大四和大三年级学生的学习活动质量显著高于大二和大一的学生，且大四高于大三的学生；在与同学交往和谈话话题相关的学习活动中，大四和大三学生得分也显著高于大一和大二的学生，但大四和大三之间无显著差异；在与利用校园设备有关的学习活动中，大一和大四学生的学习活动质量显著高于大二和大三的学生，大一和大四学生之间无显著差异；在参与学生社团和组织相关的学习活动中，大一的学生得分最高，而其他年级之间无显著差异；在与个人经历有关的学习活动中，大一和大四学生的得分显著高于大二的学生，而两者之间以及二者与大三学生相比没有显著差异，这也就是说大一和大四的学生在与个人经历有关的学习活动中的学习质量较高。

表 4-3 不同年级大学生的学习活动质量特征

类别	年级	均值	F 值	类别	年级	均值	F 值
学习活动质量	大一	45.29 ± 0.47	6.793***	利用校园设备	大一	49.19 ± 0.59	4.670**
	大二	44.78 ± 0.44			大二	47.49 ± 0.57	
	大三	45.91 ± 0.57			大三	46.80 ± 0.72	
	大四	48.50 ± 0.57			大四	50.80 ± 0.73	
利用图书馆活动	大一	37.93 ± 0.60	20.764***	参与学生社团和组织活动	大一	42.12 ± 0.70	3.150*
	大二	39.41 ± 0.60			大二	39.49 ± 0.71	
	大三	39.92 ± 0.78			大三	38.68 ± 0.93	
	大四	46.44 ± 0.71			大四	41.47 ± 0.86	
利用计算机及信息技术	大一	51.82 ± 0.59	24.910***	个人经历	大一	49.85 ± 0.56	2.756*
	大二	54.67 ± 0.61			大二	48.03 ± 0.57	
	大三	59.37 ± 0.79			大三	49.85 ± 0.69	
	大四	59.74 ± 0.72			大四	50.47 ± 0.68	
课程学习	大一	51.73 ± 0.51	5.072***	同学交往	大一	46.07 ± 0.58	3.242*
	大二	50.97 ± 0.50			大二	44.98 ± 0.56	
	大三	50.98 ± 0.66			大三	46.23 ± 0.70	
	大四	54.34 ± 0.64			大四	48.09 ± 0.70	
写作经验	大一	44.42 ± 0.60	10.892***	科学和量化的经验	大一	41.80 ± 0.64	1.470
	大二	44.29 ± 0.59			大二	41.45 ± 0.63	
	大三	45.11 ± 0.77			大三	42.54 ± 0.82	
	大四	50.12 ± 0.71			大四	43.81 ± 0.82	
生师相处经验	大一	36.27 ± 0.63	18.136***	谈话话题	大一	45.77 ± 0.58	2.502*
	大二	37.56 ± 0.60			大二	45.18 ± 0.59	
	大三	38.69 ± 0.78			大三	47.32 ± 0.73	
	大四	44.43 ± 0.75			大四	47.77 ± 0.70	
参与美术音乐戏剧活动	大一	44.39 ± 0.69	1.880	谈话中的信息	大一	47.39 ± 0.59	1.474
	大二	41.88 ± 0.69			大二	46.78 ± 0.57	
	大三	44.05 ± 0.89			大三	47.31 ± 0.73	
	大四	44.13 ± 0.89			大四	48.87 ± 0.72	

注：有效的 N 分别为大一 =1519、大二 =1238、大三 =799、大四 =827，*p<0.05、** p<0.01、*** p<0.001。

表 4-4　大学生学习活动质量在年级上的多重比较分析

因变量	(I)	(J)	(I-J)	因变量	(I)	(J)	(I-J)	因变量	(I)	(J)	(I-J)
学习活动质量	大一	大二	0.50	写作经验	大一	大二	0.13	个人经历	大一	大二	1.82*
		大三	-0.62			大三	-0.68			大三	-0.01
		大四	-3.20***			大四	-5.70***			大四	-0.61
	大二	大三	-1.12		大二	大三	-0.82		大二	大三	-1.82
		大四	-3.71***			大四	-5.83***			大四	-2.43**
	大三	大四	-2.58**		大三	大四	-5.01***		大三	大四	-0.61
利用图书馆	大一	大二	-1.47	生师相处经验	大一	大二	-1.28	同学交往	大一	大二	1.08
		大三	-1.98*			大三	-2.41*			大三	-0.16
		大四	-8.51***			大四	-8.16***			大四	-2.02*
	大二	大三	-0.50		大二	大三	-1.12		大二	大三	-1.25
		大四	-7.03***			大四	-6.87***			大四	-3.10**
	大三	大四	-6.52***		大三	大四	-5.74***		大三	大四	-1.85
利用计算机及信息技术	大一	大二	-2.85**	利用校园设备	大一	大二	1.70*	谈话话题	大一	大二	0.59
		大三	-7.55***			大三	2.39*			大三	-1.54
		大四	-7.91***			大四	-1.60			大四	-2.00*
	大二	大三	-4.69***		大二	大三	0.68		大二	大三	-2.14*
		大四	-5.06***			大四	-3.30**			大四	-2.59**
	大三	大四	-0.36		大三	大四	-3.99***		大三	大四	-0.45
课程学习	大一	大二	0.76	参与学生社团与组织	大一	大二	2.63**				
		大三	0.75			大三	3.44**				
		大四	-2.60**			大四	0.65				
	大二	大三	-0.01		大二	大三	0.80				
		大四	-3.37***			大四	-1.98				
	大三	大四	-3.36***		大三	大四	-2.19				

注：*p<0.05，**p<0.01，***p<0.001。

三、不同生源地大学生的学习活动质量状况

经单因素分析可知（见表 4-5），大学生学习活动质量整体在生源地上具有显著差异（p<0.05）。在具体的学习活动类型

上，不同生源地的大学生除在利用图书馆、科学和量化的经验相关的学习活动中的学习质量无显著差异之外（p>0.05），在其他的学习活动类型上均具有显著差异（p<0.05）。又经过多重比较检验可知（见表4–6），在整体学习活动质量上，城市生源、城镇生源和农村生源两两之间均具有显著差异（p<0.001）。从具体的得分情况来看，城市、城镇和农村生源学生的学习活动质量得分分别为47.19分、44.83分和42.98分。由此可知，城市生源大学生的学习活动质量最高、农村生源学生最低，在学习活动质量上表现出了"城市生源>城镇生源>农村生源"的典型特征。从具体的学习活动类型来看，在利用计算机及信息技术、课程学习、参与美术音乐戏剧、个人经历和同学交往有关的学习活动质量的得分上"城市生源>城镇生源>农村生源"，城市和城镇生源的学生表现出了较大的优势，农村生源学生的学习质量最低；在写作经验、利用校园设备、谈话话题和谈话中的信息相关的学习活动中，城市生源学生的得分要显著高于城镇生源和农村生源，而城镇生源和农村生源之间无显著差异，这说明在这4种学习活动类型中城市生源学生的学习质量较高；在与生师相处经验相关的学习活动中，仅城市生源学生的得分显著高于农村生源，而在城镇生源和城市生源、城镇生源和农村生源之间均无显著差异，这也就是说在生师相处经验上城市生源学生表现出了较大的优势；在参与学生社团和组织相关的学习活动中，城市生源和城镇生源的学生得分都显著高于农村生源，而城市生源和城镇生源之间无显著差异，这反映了在参与学生社团和组织相关的学习活动中，城市生源和城镇生源的学生学习质量较高。

表 4-5 不同生源地大学生的学习活动质量特征

类别	生源地	均值	F 值	类别	生源地	均值	F 值
学习活动质量	城市	47.19 ± 0.34	23.686***	利用校园设备	城市	49.77 ± 0.43	11.151***
	城镇	44.83 ± 0.59			城镇	47.39 ± 0.75	
	农村	42.98 ± 0.49			农村	46.21 ± 0.63	
利用图书馆	城市	40.73 ± 0.45	1.143	参与学生社团和组织	城市	41.63 ± 0.52	7.224**
	城镇	39.92 ± 0.76			城镇	40.55 ± 0.89	
	农村	39.55 ± 0.65			农村	37.91 ± 0.79	
利用计算机及信息技术	城市	57.35 ± 0.44	29.205***	个人经历	城市	50.64 ± 0.41	14.262***
	城镇	54.44 ± 0.82			城镇	48.78 ± 0.72	
	农村	51.03 ± 0.67			农村	46.56 ± 0.61	
课程学习	城市	53.37 ± 0.38	24.102***	同学交往	城市	47.85 ± 0.42	26.057***
	城镇	50.51 ± 0.68			城镇	45.00 ± 0.73	
	农村	48.67 ± 0.55			农村	42.31 ± 0.60	
写作经验	城市	46.73 ± 0.44	10.258***	科学和量化的经验	城市	42.45 ± 0.48	0.372
	城镇	44.71 ± 0.77			城镇	41.78 ± 0.81	
	农村	43.09 ± 0.64			农村	41.84 ± 0.69	
生师相处经验	城市	39.40 ± 0.45	4.245*	谈话话题	城市	47.62 ± 0.43	14.595***
	城镇	37.81 ± 0.81			城镇	45.06 ± 0.74	
	农村	37.07 ± 0.70			农村	43.50 ± 0.63	
参与美术音乐戏剧	城市	47.17 ± 0.51	75.693***	谈话中的信息	城市	48.71 ± 0.43	12.090***
	城镇	40.67 ± 0.85			城镇	46.14 ± 0.73	
	农村	35.90 ± 0.73			农村	45.05 ± 0.65	

注：有效的 N 分别为城市 =2674、城镇 =760、农村 =970，*p<0.05、** p<0.01、*** p<0.001。

表 4-6　大学生学习活动质量在生源地上的多重比较分析

因变量	（I）	（J）	（I-J）	因变量	（I）	（J）	（I-J）
学习活动质量	城市	城镇	2.35**	利用校园设备	城市	城镇	2.38**
		农村	4.21***			农村	3.55***
	城镇	农村	1.85*		城镇	农村	1.17
利用计算机及信息技术	城市	城镇	2.91**	参与学生社团组织活动	城市	城镇	1.07
		农村	6.31***			农村	3.72***
	城镇	农村	3.40**		城镇	农村	2.64*
课程学习	城市	城镇	2.86***	个人经历	城市	城镇	1.85*
		农村	4.70***			农村	4.08***
	城镇	农村	1.83*		城镇	农村	2.22*
写作经验	城市	城镇	2.01*	同学交往	城市	城镇	2.84**
		农村	3.63***			农村	5.53***
	城镇	农村	1.62		城镇	农村	2.68**
生师相处经验	城市	城镇	1.59	谈话话题	城市	城镇	2.55**
		农村	2.33**			农村	4.12***
	城镇	农村	0.74		城镇	农村	1.56
参与美术音乐戏剧活动	城市	城镇	6.50***	谈话中的信息	城市	城镇	2.57**
		农村	11.26***			农村	3.66***
	城镇	农村	4.76***		城镇	农村	1.08

注：$*p < 0.05$，$**p < 0.01$，$***p < 0.001$。

四、是否为独生子女差异下的大学生学习活动质量状况

经独立样本 t 检验可知（见表 4-7），大学生学习活动质量在是否是独生子女维度上具有显著差异（$p < 0.001$），从具体的得分情况来看，独生子女的学习活动质量得分为 46.50 分，非独生子女的得分为 44.34 分，独生子女的学习活动质量显著高

于非独生子女（p<0.001）。在各具体的学习活动类型上，是否是独生子女的学生除在利用图书馆、生师相处的经验，以及科学和量化的经验上没有显著差异外（p>0.05），在其他的10种学习活动类型上均具有显著差异（p<0.05）。从有显著差异的学习活动类型得分看，在所有具有显著差异的学习活动类型上，均为独生子女的得分高于非独生子女，这说明独生子女的学习质量在利用计算机及信息技术、课程学习、写作经验、参与美术音乐戏剧、利用校园设备、参与学生社团和组织、个人经历、同学交往、谈话话题，以及谈话中的信息相关的学习活动中要高于非独生子女。

表4-7　是否为独生子女的大学生学习活动质量特征

类别	独生	均值	t值	类别	独生	均值	t值
学习活动质量	是	46.50±0.31	3.875***	利用校园设备	是	49.09±0.39	2.437*
	否	44.34±0.44			否	47.37±0.56	
利用图书馆	是	40.23±0.41	−0.453	参与学生社团和组织	是	41.20±0.48	2.208*
	否	40.57±0.58			否	39.30±0.68	
利用计算机信息技术	是	56.52±0.40	4.780***	个人经历	是	50.17±0.38	3.677***
	否	52.98±0.60			否	47.67±0.54	
课程学习	是	52.45±0.35	3.256**	同学交往	是	46.96±0.38	3.963***
	否	50.41±0.50			否	44.21±0.54	
写作经验	是	46.01±0.40	1.978*	科学和量化经验	是	42.47±0.44	1.154
	否	44.57±0.57			否	41.57±0.61	
生师相处经验	是	39.01±0.42	1.745	谈话话题	是	47.02±0.39	3.559***
	否	37.69±0.60			否	44.51±0.56	
参与美术音乐戏剧活动	是	45.46±0.47	7.485***	谈话中的信息	是	47.91±0.39	2.129*

五、父母最高学历差异下的大学生学习活动质量状况

（一）大学生学习活动质量在父亲最高学历上的差异

经单因素分析可知（见表 4-8），父亲最高学历差异下的大学生学习活动质量整体存在显著差异，在具体学习活动类型上也都表现出了显著差异（p<0.001）。从具体得分情况看，父亲最高学历差异下大学生学习活动质量的得分表现出了"硕士（50.10）>博士（48.36）>本科（47.60）>高中及以下（46.87）>专科（43.44）"的状况。又经过多重比较分析可知（见表 4-9），父亲最高学历为博士、本科和高中及以下的学生得分均大于父亲最高学历为专科的学生、父亲最高学历为硕士的学生大于父亲最高学历为专科和高中及以下的学生，而父亲最高学历为本科、硕士和博士的学生两两之间无显著差异。由此可以看出，学习活动质量整体上父亲学历较高（本科、硕士、博士）的学生都要高于父亲学历较低（高中及以下、专科）的学生，父亲最高学历为专科的学生学习活动质量最低。父亲最高学历差异下大学生在具体学习活动类型上的质量差异状况见表 4-10，根据表 4-8 中大学生在具体学习活动上的得分，以及表 4-9 中呈现分数之间的多重差异比较分析，经整理得到该表。从表中可以清楚地了解到在各具体的学习活动类型上父亲最高学历差异下大学生的学习质量差异情况。

根据表 4-10，父亲为高学历的学生在不同学习活动类型上的学习质量得分表现出了较大优势，父亲最高学历为大学专科和高

中及以下的学生学习活动质量得分相对较低。其中，父亲为较高学历的学生在不同类型学习活动中学习质量的得分上，父亲最高学历为本科、硕士和博士的大学生之间往往没有显著的差异，仅在与课程学习、写作经验、学生社团和组织相关的学习活动中，父亲最高学历为博士的学生得分高于父亲最高学历为硕士和本科的学生；在与谈话中的信息相关的学习活动中，父亲最高学历为博士的学生得分高于父亲最高学历为硕士的学生；在参与美术音乐戏剧、科学和量化经验、谈话中的信息相关的学习活动中，父亲最高学历为硕士的学生得分高于父亲最高学历为本科的学生。父亲最高学历较低的学生在不同类型学习活动中学习质量的得分上，父亲最高学历为高中及以下的学生往往高于父亲最高学历为大学专科的学生，仅在利用计算机及信息技术、课程学习、参与学生社团组织这3类相关的学习活动中二者之间无显著差异。

表 4-8　父亲最高学历差异下的大学生学习活动质量特征

因素	最高学历	均值	F 值	因素	最高学历	均值	F 值
学习活动质量	博士	48.36 ± 1.98	16.100***	利用校园设备	博士	51.75 ± 2.53	4.714***
	硕士	50.10 ± 1.32			硕士	52.15 ± 1.59	
	本科	47.60 ± 0.44			本科	49.51 ± 0.58	
	大专	43.44 ± 0.34			大专	46.96 ± 0.44	
	高中及以下	46.87 ± 0.76			高中及以下	49.72 ± 0.93	
利用图书馆	博士	44.27 ± 2.46	11.776***	参与学生社团和组织活动	博士	46.98 ± 2.86	11.110***
	硕士	43.75 ± 1.71			硕士	40.30 ± 2.02	
	本科	41.02 ± 0.59			本科	41.76 ± 0.68	
	大专	38.06 ± 0.46			大专	37.86 ± 0.54	
	高中及以下	42.71 ± 0.98			高中及以下	44.60 ± 1.16	

续表

因素	最高学历	均值	F 值	因素	最高学历	均值	F 值
利用计算机及信息技术	博士	55.99 ± 2.47	10.206***	个人经历	博士	49.62 ± 2.35	6.632***
	硕士	60.32 ± 1.66			硕士	52.09 ± 1.49	
	本科	58.07 ± 0.58			本科	50.73 ± 0.54	
	大专	53.35 ± 0.49			大专	47.59 ± 0.43	
	高中及以下	53.77 ± 0.96			高中及以下	50.52 ± 0.94	
课程学习	博士	50.75 ± 2.26	12.058***	同学交往	博士	48.30 ± 2.34	12.350***
	硕士	57.06 ± 1.40			硕士	50.59 ± 1.63	
	本科	54.23 ± 0.49			本科	47.98 ± 0.55	
	大专	49.96 ± 0.40			大专	43.45 ± 0.43	
	高中及以下	50.84 ± 0.83			高中及以下	47.90 ± 0.95	
写作经验	博士	47.54 ± 2.42	9.794***	科学和量化的经验	博士	45.02 ± 2.66	7.712***
	硕士	50.67 ± 1.75			硕士	47.89 ± 1.86	
	本科	47.70 ± 0.59			本科	42.53 ± 0.64	
	大专	43.21 ± 0.46			大专	40.19 ± 0.49	
	高中及以下	45.56 ± 0.94			高中及以下	44.94 ± 1.02	
生师相处经验	博士	43.74 ± 2.33	10.681***	谈话话题	博士	47.96 ± 2.53	10.252***
	硕士	40.57 ± 1.77			硕士	49.90 ± 1.64	
	本科	40.09 ± 0.59			本科	48.10 ± 0.56	
	大专	36.08 ± 0.48			大专	43.77 ± 0.44	
	高中及以下	40.48 ± 1.06			高中及以下	47.76 ± 0.95	
参与美术音乐戏剧活动	博士	50.16 ± 2.63	33.272***	谈话中的信息	博士	46.66 ± 2.41	8.037***
	硕士	53.64 ± 2.04			硕士	52.37 ± 1.70	
	本科	48.10 ± 0.69			本科	48.95 ± 0.57	
	大专	38.85 ± 0.53			大专	45.39 ± 0.44	
	高中及以下	41.86 ± 1.09			高中及以下	48.65 ± 0.97	

注：有效的 N 分别为博士 =126、硕士 =195、本科 =1481、大专 =1950、高中以下 =585，***p<0.001。

表 4-9　大学生学习活动质量在父亲最高学历差异上的多重比较分析

因变量	（I）	（J）	（I–J）	因变量	（I）	（J）	（I–J）	因变量	（I）	（J）	（I–J）
学习活动质量	1	2	−1.73	生师相处经验	1	2	3.17	同学交往	1	2	−2.29
		3	0.76			3	3.65			3	0.32
		4	4.92**			4	7.66***			4	4.84**
		5	1.49			5	3.26			5	0.39
	2	3	2.50		2	3	0.48		2	3	2.61
		4	6.65***			4	4.49**			4	7.14***
		5	3.23*			5	0.09			5	2.68
	3	4	4.15***		3	4	4.00***		3	4	4.52***
		5	0.72			5	−0.39			5	0.07
	4	5	−3.42***		4	5	−4.39***		4	5	−4.45***
利用图书馆	1	2	0.52	参与美术音乐戏剧活动	1	2	−3.48	科学和量化的经验	1	2	−2.86
		3	3.25			3	2.05			3	2.49
		4	6.21**			4	11.30***			4	4.83*
		5	1.56			5	8.30**			5	0.08
	2	3	2.73		2	3	5.53**		2	3	5.35**
		4	5.68**			4	14.79***			4	7.70***
		5	1.04			5	11.78***			5	2.95
	3	4	2.95***		3	4	9.25***		3	4	2.34**
		5	−1.69			5	6.24***			5	−2.40*
	4	5	−4.64***		4	5	−3.00*		4	5	−4.74***
利用计算机及信息技术	1	2	−4.32	利用校园设备	1	2	−0.40	谈话话题	1	2	−1.94
		3	−2.08			3	2.23			3	−0.13
		4	2.63			4	4.78*			4	4.18*
		5	2.22			5	2.02			5	0.19
	2	3	2.24		2	3	2.63		2	3	1.80
		4	6.96***			4	5.18***			4	6.13***
		5	6.54***			5	2.43			5	2.14
	3	4	4.72***		3	4	2.54**		3	4	4.32***
		5	4.30***			5	−0.20			5	0.33
	4	5	−0.41		4	5	−2.75**		4	5	−3.99***

续表

因变量	(I)	(J)	(I-J)	因变量	(I)	(J)	(I-J)	因变量	(I)	(J)	(I-J)
课程学习	1	2	-6.31**	参与学生社团组织活动	1	2	6.67*	谈话中的信息	1	2	-5.70*
		3	-3.47*			3	5.21*			3	-2.29
		4	0.78			4	9.11***			4	1.27
		5	-0.09			5	2.37			5	-1.98
	2	3	2.83		2	3	-1.46		2	3	3.41*
		4	7.10***			4	2.43			4	6.98***
		5	6.22***			5	-4.29*			5	3.72*
	3	4	4.26***		3	4	3.90***		3	4	3.56***
		5	3.38***			5	-2.83*			5	0.30
	4	5	-0.87		4	5	-6.73***		4	5	-3.26**
写作经验	1	2	-3.13	个人经历	1	2	-2.47				
		3	-0.16			3	-1.11				
		4	4.32*			4	2.02				
		5	1.97			5	-0.90				
	2	3	2.96		2	3	1.35				
		4	7.45***			4	4.49**				
		5	5.10**			5	1.56				
	3	4	4.48***		3	4	3.13***				
		5	2.14*			5	0.20				
	4	5	-2.34*		4	5	-2.93**				

注：1—5分别代表博士研究生、硕士研究生、大学本科、大学专科、高中及以下学历，*p<0.05，**p<0.01，***p<0.001。

表4-10 大学生具体学习活动中学习质量得分在父亲最高学历上的差异

学习活动类型	显著	学习活动类型	显著
利用图书馆		写作经验	博、高>专；硕、本>高、专
生师相处经验		参与美术音乐戏剧	博、本>高、专；硕>高、专、本；高>专
利用校园设备	高、本、硕、博>专	参与学生社团组织	博>专、本、硕；高>本、硕；本>专
同学交往		个人经历	高、本、硕>专
谈话话题		科学和量化经验	博、高>专；硕>本、专；本>高、专
利用计算机及信息技术	硕、本>高、专	谈话中的信息	博>硕；硕>高、专、本；高、本>专
课程学习	博>硕、本；硕、本>高、专		

注：高、专、本、硕、博分别代表父亲的最高学历为高中及以下、大学专科、大学本科、硕士研究生和博士研究生的大学生在相应学习活动上学习质量的得分。

（二）大学生学习活动质量在母亲最高学历上的差异

经单因素分析可知（见表4-11），大学生学习活动质量整体在母亲最高学历维度上具有显著差异（$p<0.001$），在各具体学习活动类型上也具有显著差异（$p<0.05$）。从母亲最高学历差异下大学生在学习活动质量上的得分情况来看，母亲最高学历"硕士（50.08）>本科（48.19）>高中及以下（46.91）>博士（44.40）>专科（43.62）"，又经多重比较检验可知（见表4-12），大学生学习活动质量在母亲最高学历差异下，母亲最高学历为硕士、本科和高中及以下的学生得分均高于母亲最高学历为专科的学生、母亲最高学历为硕士的学生得分要显著高于母亲最高学历为博士的学生（$p<0.05$），而母亲最高学历为博

士和本科、博士和专科、博士和高中及以下的学生之间的得分
均无显著差异（p>0.05）。这说明了，母亲最高学历为硕士和本
科的大学生学习活动质量相对较高，母亲最高学历为专科的大
学生学习活动质量较低。母亲最高学历差异下大学生在具体学
习活动类型上的学习质量差异状况见表4-13，根据表4-11中
大学生在不同学习活动上的得分，以及表4-12中的多重比较
分析结果，整理得到该表。从表中可以清楚地了解到在各具体
的学习活动类型上母亲最高学历差异下的大学生学习质量差异
状况。

表4-11　母亲最高学历差异下的大学生学习活动质量特征

因素	最高学历	均值	F 值	因素	最高学历	均值	F 值
学习活动质量	博士	44.40 ± 2.89	16.363***	利用校园设备	博士	46.54 ± 3.67	6.477***
	硕士	50.08 ± 1.56			硕士	52.35 ± 2.17	
	本科	48.19 ± 0.46			本科	50.64 ± 0.59	
	大专	43.62 ± 0.33			大专	46.88 ± 0.43	
	高中及以下	46.91 ± 0.76			高中及以下	48.80 ± 0.90	
利用图书馆	博士	43.27 ± 3.68	10.338***	参与学生社团和组织活动	博士	45.04 ± 4.02	9.053***
	硕士	43.74 ± 2.28			硕士	42.94 ± 2.41	
	本科	41.25 ± 0.61			本科	41.80 ± 0.71	
	大专	38.23 ± 0.44			大专	38.17 ± 0.53	
	高中及以下	43.24 ± 0.97			高中及以下	44.51 ± 1.13	

续表

因素	最高学历	均值	F值	因素	最高学历	均值	F值
利用计算机及信息技术	博士	47.83 ± 3.41	13.606***	个人经历	博士	46.90 ± 3.45	7.304***
	硕士	62.69 ± 2.01			硕士	52.11 ± 1.88	
	本科	58.65 ± 0.59			本科	51.05 ± 0.55	
	大专	53.56 ± 0.46			大专	47.63 ± 0.41	
	高中及以下	53.90 ± 0.97			高中及以下	50.96 ± 0.94	
课程学习	博士	43.84 ± 3.25	14.531***	同学交往	博士	45.99 ± 3.43	15.367***
	硕士	55.23 ± 1.61			硕士	51.59 ± 1.93	
	本科	54.96 ± 0.51			本科	48.81 ± 0.58	
	大专	50.26 ± 0.39			大专	43.36 ± 0.41	
	高中及以下	50.45 ± 0.81			高中及以下	47.95 ± 0.94	
写作经验	博士	42.85 ± 3.49	9.320***	科学和量化的经验	博士	42.77 ± 3.72	6.548***
	硕士	47.88 ± 2.11			硕士	45.40 ± 2.51	
	本科	48.47 ± 0.60			本科	43.32 ± 0.66	
	大专	43.51 ± 0.45			大专	40.26 ± 0.48	
	高中及以下	45.57 ± 0.95			高中及以下	44.86 ± 0.99	
生师相处经验	博士	42.04 ± 3.42	9.159***	谈话话题	博士	41.94 ± 3.54	11.075***
	硕士	39.87 ± 2.05			硕士	50.16 ± 1.91	
	本科	40.37 ± 0.61			本科	48.56 ± 0.59	
	大专	36.41 ± 0.46			大专	43.96 ± 0.42	
	高中及以下	40.47 ± 1.03			高中及以下	48.22 ± 0.95	
参与美术音乐戏剧活动	博士	48.63 ± 3.65	33.752***	谈话中的信息	博士	39.63 ± 3.50	9.065***
	硕士	56.06 ± 2.59			硕士	50.95 ± 2.01	
	本科	49.03 ± 0.70			本科	49.62 ± 0.59	
	大专	39.11 ± 0.51			大专	45.68 ± 0.42	
	高中及以下	42.52 ± 1.06			高中及以下	48.37 ± 0.94	

注：有效的 N 分别为博士 =70、硕士 =122、本科 =1410、大专 =2117、高中及以下 =618，*p<0.05、** p<0.01、*** p<0.001。

表 4-12　大学生学习活动质量在母亲最高学历差异上的多重比较分析

因变量	(I)	(J)	(I-J)	因变量	(I)	(J)	(I-J)	因变量	(I)	(J)	(I-J)
学习活动质量	1	2	-5.67*	生师相处经验	1	2	2.16	同学交往	1	2	-5.59
		3	-3.79			3	1.66			3	-2.81
		4	0.78			4	5.62*			4	2.63
		5	-2.50			5	1.56			5	-1.95
	2	3	1.88		2	3	-0.50		2	3	2.77
		4	6.45***			4	3.46			4	8.22***
		5	3.16			5	-0.59			5	3.63
	3	4	4.57***		3	4	3.96***		3	4	5.44***
		5	1.28			5	-0.09			5	0.85
	4	5	-3.29***		4	5	-4.05***		4	5	-4.59***
利用图书馆	1	2	-0.47	参与美术音乐戏剧活动	1	2	-7.43	科学和量化的经验	1	2	-2.63
		3	2.01			3	-0.39			3	-0.54
		4	5.03			4	9.51**			4	2.51
		5	0.02			5	6.10			5	-2.08
	2	3	2.49		2	3	7.03**		2	3	2.08
		4	5.50**			4	16.94***			4	5.14*
		5	0.50			5	13.53***			5	0.54
	3	4	3.01***		3	4	9.91***		3	4	3.06***
		5	-1.99			5	6.50***			5	-1.54
	4	5	-5.00***		4	5	-3.40**		4	5	-4.60***
利用计算机及信息技术	1	2	-14.86***	利用校园设备	1	2	-5.81	谈话话题	1	2	-8.22*
		3	-10.82***			3	-4.10			3	-6.62*
		4	-5.73*			4	-0.34			4	-2.02
		5	-6.07*			5	-2.26			5	-6.28*
	2	3	4.03		2	3	1.70		2	3	1.60
		4	9.12***			4	5.47**			4	6.19**
		5	8.78***			5	3.54			5	1.93
	3	4	5.09***		3	4	3.76***		3	4	4.59***
		5	4.75***			5	1.84			5	0.33
	4	5	-0.33		4	5	-1.92		4	5	-4.25***

续表

因变量	(I)	(J)	(I−J)	因变量	(I)	(J)	(I−J)	因变量	(I)	(J)	(I−J)
课程学习	1	2	−11.39***	学生社团组织参与	1	2	2.09	谈话中的信息	1	2	−11.321***
		3	−11.11***			3	3.24			3	−9.99***
		4	−6.41**			4	6.86*			4	−6.05*
		5	−6.60**			5	0.53			5	−8.74**
	2	3	0.27		2	3	1.14		2	3	1.32
		4	4.97**			4	4.76*			4	5.27**
		5	4.78*			5	−1.56			5	2.58
	3	4	4.70***		3	4	3.62***		3	4	3.94***
		5	4.50***			5	−2.71*			5	1.25
	4	5	−0.19		4	5	−6.33***		4	5	−2.69**
写作经验	1	2	−5.03	个人经历	1	2	−5.20				
		3	−5.62*			3	−4.14				
		4	−0.65			4	−0.72				
		5	−2.72			5	−4.05				
	2	3	−0.58		2	3	1.06				
		4	4.37*			4	4.48*				
		5	2.31			5	1.14				
	3	4	4.96***		3	4	3.41***				
		5	2.89**			5	0.08				
	4	5	−2.06*		4	5	−3.33***				

注：1—5分别代表博士研究生、硕士研究生、大学本科、大学专科、高中及以下学历，*p<0.05，**p<0.01，***p<0.001。

表 4-13 大学生具体学习活动中学习质量得分在母亲最高学历上的差异

学习活动类型	显著	学习活动类型	显著
利用图书馆	高、本、硕＞专	生师相处经验	高、本、博＞专
个人经历		参与美术音乐戏剧活动	高、博＞专；硕＞本、专、高；本＞高、专
同学交往		校园设备	本、硕＞专
科学和量化的经验		参与学生社团与组织活动	高、硕、博＞专；本＞高、专
利用计算机与信息技术	高、专、本、硕＞博；本、硕＞高、专	谈话话题	高、本、硕＞专、博
课程学习		谈话中的信息	高、专、本、硕＞博；高、本、硕＞专
写作经验	本＞博、专、高；高、硕＞专		

注：高、专、本、硕、博分别代表母亲的最高学历为高中及以下、大学专科、大学本科、硕士研究生和博士研究生的大学生在相应学习活动上学习质量的得分。

根据表 4-13 可知，整体上母亲最高学历为硕士、本科和高中及以下的学生在各种学习活动类型上的得分要高于母亲最高学历为专科和博士的学生。其中，在利用计算机和信息技术、课程学习、参与美术音乐戏剧的学习活动类型上，母亲最高学历为本科和硕士的学生得分高于母亲最高学历为高中及以下的学生；在写作经验、参与学生社团和组织相关的学习活动中，母亲最高学历为本科的学生得分高于母亲最高学历为高中及以下的学生；母亲最高学历为硕士和本科的学生之间得分在大多数学习活动类型上都没有显著差异，仅在参与美术音乐戏剧相关的学习活动中，母亲最高学历为硕士的学生得分较高；母亲最高学历为博士和专科的学生得分在大多数学习活动类型上也不具有显著差异，但在利用计算机及信息技术、课程学习、谈话中的信息相关的学习活动中，母亲最高学历为专科的学生得分高于母亲最高学历为博士的学生，在生师相处经验、参与美术音乐戏剧、参与学生社团和组织相关的学习活动中，母亲最高学历为博士的学生的得分高于母亲最高学历为专科的学生。

第三节　基于学习收获的大学生学习活动质量状况

以上两个部分内容，从大学生学习活动过程的角度，考察了大学生学习活动质量整体状况和不同类别大学生的学习活动质量状况。本部分内容将从大学生学习活动结果的角度来分析其学习活动质量，本部分暗含的一个理论假设是"大学生参与的哪种学习活动类型对学习收获产生的影响越大，这种学习活动的质量也就越高"，对学习收获产生的影响不显著，甚至没有影响的学习活动类型，姑且不论其背后的深层次原因，本研究均认为这些学习活动的质量较低。

一、大学生学习收获的整体状况

经分析可知（见表4-14），大学生学习收获整体及各维度得分均值都在50分左右，且得分中位数也基本都在50分左右，说明我国大学生学习收获状况整体处于中等水平。从学习收获及各维度得分的方差来看，学习收获整体得分的离散程度较大，说明大学生学习收获的个体差异较大。从学习收获各维度得分的大小看，个人发展维度得分最高，通识教育维度得分最低（p<0.001），这说明大学生的个人发展收获较大、通识教育收获较小。

表 4-14　大学生学习收获的得分情况

学习收获状况	均值	中位数	方差	t 值
整体得分	52.76 ± 0.32	52.00	470.43	161.44***
职业准备	54.26 ± 0.37	55.56	610.02	145.78***
通识教育	49.05 ± 0.36	44.43	573.50	135.94***
知识技能	53.79 ± 0.33	55.56	501.57	159.41***
个人发展	56.36 ± 0.35	61.11	542.05	160.66***
科学技术	50.25 ± 0.38	50.00	639.76	131.85***

注：*** $p<0.001$。

二、基于学习收获的大学生学习活动质量分析

大学生学习活动参与质量和学习收获的相关关系见表 4-15，由表中可知，大学生学习活动参与质量和学习收获之间存在显著的正相关关系（$p<0.001$），相关系数介于 0.388—0.543 之间，相关程度较高，这说明大学生在学习活动中的参与和努力质量与其学习收获之间有着十分紧密的正相关关系。为了进一步明确大学生学习活动参与质量与学习收获之间的回归关系，根据吴明隆教授（2010）研究指出的"如果多元回归的目的在于从数个自变量中找出对效标变量最具影响力的自变量，以构建一个最佳的回归模型，则应该使用逐步多元回归分析（Stepwise Multiple Regraession Analysis）"这一标准，本研究选用了逐步多元回归分析法。在逐步多元回归分析中，自变量依次进入回归模型进行检验，被选取进入回归模型的自变量对因变量的解释程度均达到了显著水平，而没有进入回归模型的自

变量则对因变量均没有显著的解释力（吴明隆，2010）①。

表 4-15　大学生学习活动质量与学习收获的相关系数

因素	学习收获	因素	学习收获
利用图书馆	0.388***	参与学生社团与组织活动	0.421***
利用计算机及信息技术	0.453***	个人经历	0.488***
课程学习	0.516***	同学交往	0.503***
写作经验	0.501***	科学与量化的经验	0.501***
生师相处经验	0.492***	谈话话题	0.539***
参与美术音乐戏剧活动	0.442***	谈话中的信息	0.543***
校园设备	0.539***		

注：N=4404，***p<0.001。

　　从逐步多元回归最终的回归模型看（见表 4-16），在投入的 13 种学习活动类型中仅有谈话中的信息、校园设备、课程学习、科学与量化的经验、利用计算机及信息技术、谈话话题、写作经验、参与美术音乐戏剧、生师相处经验这 9 种学习活动类型进入了回归方程，对大学生学习收获表现出了显著的影响力，而利用图书馆、参与学生社团和组织、个人经历、同学交往相关的学习活动没有进入回归模型，这说明这 4 种学习活动类型对大学生学习收获并没有显著的解释力。从表 4-16 可以看出，9 个预测变量与 "学习收获" 因变量的多元相关系数为 0.649，决定系数为 0.421，最后回归模型整体性检验的 F 值为 355.497（p=0.000<0.05），因此 9 个预测变量一共可以有效解释 "学习收获" 42.1% 的变异量。从每个变量预测力的高低看，对大学生 "学习收获" 最具有预测力的自变量为 "谈话中的信息"，其解释变异量为 29.5%；解释力最低的自变量为 "生师相处的经验"，

---

① 吴明隆.问卷统计分析实务——SPSS 操作与应用 [M].重庆：重庆大学出版社，2010：393.

解释力为 0.1%，虽然投入自变量"参与美术音乐戏剧"后的决
定系数也只增长了 0.1%，但投入该变量后回归模型整体性检验
的 F 值增加了 7.854，要大于投入自变量"生师相处的经验"后
模型整体性检验的 F 值增加量，所以"生师相处的经验"对"学
习收获"预测力最低，9 个自变量对"学习收获"解释力由大到
小依次为谈话中的信息、利用校园设备、课程学习、科学与量
化的经验、利用计算机及信息技术、谈话话题、写作经验、参
与美术音乐戏剧活动、生师相处经验。从标准化的回归系数看，
回归模型中 9 个预测变量的系数值分别为 0.120、0.142、0.104、
0.120、0.102、0.108、0.052、0.037 和 0.039，系数均为正数表示
这些预测变量对"学习收获"的影响均为正向。在此基础上，可
以构建出大学生"学习收获"的标准化预测模型为"学习收获
=0.120×谈话中的信息＋0.142×利用校园设备＋0.104×课程
学习＋0.120×科学与量化的经验＋0.102×计算机及信息技术
＋0.108×谈话话题＋0.052×写作经验＋0.037×参与美术音乐
戏剧活动＋0.039×生师相处经验＋ε"。

表 4-16　大学生学习活动质量对学习收获的逐步多元回归分析摘要

投入变量顺序	多元相关系数	决定系数 R^2	增加量（ΔR^2）	F 值	净 F 值（ΔF）	B	Beta（β）
截距						13.817	
谈话中的信息	0.543	0.295	0.295	1844.032***	1844.032***	0.121	0.120
利用校园设备	0.604	0.365	0.069	1262.345***	480.000***	0.143	0.142
课程学习	0.623	0.388	0.023	928.516***	166.130***	0.118	0.104
科学与量化的经验	0.635	0.403	0.015	742.765***	113.984***	0.109	0.120
利用计算机及信息技术	0.642	0.412	0.009	616.065***	65.620***	0.098	0.102
谈话话题	0.646	0.418	0.006	525.261***	42.308***	0.108	0.108

写作经验	0.648	0.420	0.002	454.122***	16.313***	0.050	0.052
参与美术音乐戏剧活动	0.649	0.421	0.001	398.958***	7.854**	0.031	0.037
生师相处经验	0.649	0.421	0.001	355.497***	4.946*	0.037	0.039

注：因变量为：学习收获，*$p<0.05$，**$p<0.01$，***$p<0.001$。

　　根据以上分析结果可以推断，大学生参与谈话中的信息、利用校园设备、课程学习、科学与量化的经验、利用计算机及信息技术、谈话话题、写作经验、参与美术音乐戏剧活动、生师相处经验相关的这9种学习活动类型对"学习收获"具有显著的预测力，大学生在这9种学习活动类型中的学习质量较高，而利用图书馆、参与学生社团和组织、个人经历、同学交往相关的学习活动对"学习收获"没有显著的预测力，大学生的这4种学习活动质量较低。从对"学习收获"有显著解释力的9种学习活动类型的解释力大小来看，当投入"谈话中的信息"变量时的决定系数（$R2$）为0.295，远远大于投入其他变量后决定系数的增加值（$\Delta R2$），由此可以推断大学生在与谈话中的信息相关的学习活动质量对学习收获的解释力最大，大学生在与谈话中的信息相关的学习活动中的学习质量最高。

第四节　对研究结果的验证与讨论

　　通过实证分析，本研究得到了关于大学生学习活动质量基本状况的相关分析结果，为更加深入和准确地把握大学生学习活动质量的真实状态，本研究进一步采用定性访谈法对数据分析的结果予以验证，并结合实践经验和相关研究成果对研究结果进行深入分析与讨论，以期得到更加准确的研究结论。

一、大学生学习活动质量的整体状况

表 4-17 基于学生学习过程和学习结果的学习活动质量排序

学习活动类型	参与和努力质量	产生的学习收获	学习活动类型	参与和努力质量	产生的学习收获
利用图书馆	12	——	参与学生社团和组织活动	11	——
利用计算机及信息技术	1	5	个人经历	3	——
课程学习	2	3	同学交往	7	——
写作经验	8	7	科学和量化经验	10	4
生师相处经验	13	9	谈话话题	6	6
参与美术音乐戏剧活动	9	8	谈话中的信息	5	1
利用校园设备	4	2			
注：此表格中统计的是基于学生参与质量和学习收获两个角度的不同类型的学习活动质量高低排序。					

根据本研究对"大学生学习活动质量"的界定可知，考察大学生学习活动质量的标准主要有两个：一是学习活动过程的质量，具体是指学生对学习活动的参与度和在学习活动中的努力程度；二是学习活动结果的质量，是指学生参与学习活动之后产生学习收获的多少。经分析发现，大学生学习活动质量整体处于中等水平，且个体差异较大，在不同学习活动类型上的学习质量也有所差异。另外，本研究得到了基于学生学习活动过程和结果的学习活动质量状况，根据实证分析结果可以整理出大学生在两种考察方式上的学习活动质量状况排序（见表4-17）。对比分析可以发现，大学生学习活动参与及努力程度

与学习收获整体具有较强的一致性，而从具体的学习活动类型来看，从这两个角度来考察学习活动质量的结果并不完全相同，学生自身认为参与和努力程度较高的学习活动类型并不必然具有较高的学习收获，但学习收获较高的学习活动类型往往其参与和努力程度也比较高。学校教育的效果会受到很多复杂因素的影响，包括学生的学习兴趣和学习目的等方方面面的因素，并不是学生在哪种学习活动类型中的参与质量越高，哪种学习活动产生的学习收获就越大，但从两种考察方式得到的排序结果来看，大学生学习活动质量在利用计算机及信息技术、课程学习相关的学习活动类型中的学习质量较高，在利用图书馆、生师相处的经验相关的学习活动类型中的学习质量较低。在后续的定性访谈中，这些结论也得到了验证，例如：

A2：我觉得我的学习活动质量总体还行吧，非要定个等级的话就是中等偏上，我觉得还可以。在你们提供的这13种学习活动中，从我的参与和努力程度的角度来看，我觉得我对课程学习、个人经历和谈话相关的学习活动的参与度较高，毕竟是学生，在学校上课还是最主要的，所以上课肯定是参与度最高的了；之所以觉得对我来说个人经历相关的活动参与度也比较高，是因为我觉得个人经历包括了我在学校中的一切事情，而且我也特别喜欢一个人散步和出去旅游，所以我觉得这个参与度也很高；至于谈话相关的活动，这是每个人都会做的事吧，我们每天都在和不同的人谈话和交流。我参与最低的学习活动应该是学生社团和组织、利用图书馆和生师相处经验相关的活动。大学生参与学生社团的毕竟是少数，虽然身边有人参与，但是我没有，我觉得课业负担已经够重了；图书馆利用得较少是因为我们基本都只是去借书，也没怎么在图书馆中学习，主要在宿舍或者教室学习；生师相处经验的参与度低，其实并不是我们不想和老师沟通交流，而是看老师要面对那么多学生，也不想总是去麻烦老师，而且向老师请教问题的时候还害怕因为自身知识不足说错话，还有大部分老师根本不与学生交流，下课就走了。从参加学习活动后产生的学习收获看，我认为我在谈话相关的活动，以及课程学习和利用校园设备相关的活动上收获最大。我是人力资源管理专业，总要与人打交道，所以我觉得我目前的学习在与他人谈话上的收获最大；学校的课程学习，使我开始掌握专业理论知识，我从一点不懂发展到现在懂一些，我觉得日后的学习肯定还有更大的收获；利用校园设备对我学习收获的影响，我觉得主要是学校为我们提供的各种有利的学习条件吧，硬件和软件，所以我认为在与校园设备有关的活动上收获也比较大。学习收获比较低的主要是在利用图书馆、参与学生社团和组织、个人经历相关的活动上。先说说个人经历吧，尽管我对个人经历相关的活动参与比较多，但是我认为主要是个人追求的一种精神愉悦，做的时候挺放松和高兴的，但是很清楚它不但对我的学习没有帮助，还会耽误我的学习，所以我以后可能会少干一些；利用图书馆、参与学生社团和组织相关的活动上我没怎么做，所以我认为我的收获较少。

　　B4：我觉得我的学习活动质量整体很一般，我的专业是医学方面的，实在是太难了，导致我觉得我所有与学习有关的活动质量都一般。从你们提供的学习参与程度和努力程度来看，我在课程学习、利用校园设备和谈话相关的活动中参与和努力程度较高。刚才已经提到了，正是由于我们专业的难度大，所以绝大多数时间都用来进行课程学习了；而我又是临床医学专业，所以需要接触和学习很多仪器设备，这也是学习的一个重要内容，必须花大工夫来掌握其操作技能；谈话相关的活动方面，因为无论是正常的生活交流还是学习，都需要谈话，所以参与程度自然较高。我个人参与程度较低的学习活动类型应该是参与学生社团和组织、参与美术音乐戏剧、生师相处经验相关的活动。由于太忙，大部分时间都要学习，所以学生参与社团和组织、参与美术音乐戏剧相关的活动大家基本都没有，而在生师相处经验上我认为还是比较少的，可能是因为学生太多了老师照顾不过来，反正我和老师的交流比较少。从你们这里提到的参与学习活动后产生的学习收获的角度看，由于我个人学习的目的往往很强，所以一般参与和努力程度较高的学习活动类型，学习收获也相对较高，如果参与和努力程度较低的话，自然也不会有太大的学习收获，我也不奢求能有什么收获。不过我想说说生师相处的经验，其实我们同学都很想和老师多一些沟通交流呢，我们的专业实在是太难了，有很多问题想向老师请教，但都没有机会，老师上课课堂时间都占满了，课下我们也不好耽误老师太多时间，而且有同学下课去找老师请教了，但那个同学回来说老师下课时间讲得都很简单，让自己多看书，课外与老师有效交流的机会太少了。

　　C10：我觉得整体上我的学习活动质量比较一般，但在一些不同的学习活动类型上可能有所差异。从学习参与度和努力程度的角度来讲，我可能在利用计算机及信息技术、课程学习和谈话相关的活动中的参与度较高。因为利用计算机及信息技术相关的活动，我们每天都有很多的接触，如用电脑查资料、手机浏览信息、iPad上网等，方便又有趣，所以自然就参与得较多了；对课程学习来说，由于这是学校安排的，大学阶段的课也比较多，毕竟每天都要上课，这是我们的根本任务嘛，所以参与得也比较多；谈话相关的活动，是因为我们每天都要和别人交流，具体能否学到真东西我不知道，但是参与程度肯定是最高的。我参与程度较低的学习活动可能是学生社团和组织、利用图书馆和生师相处的经验吧。在学生社团和组织方面，因为我对社团活动没太大兴趣，所以没有参加社团，其他组织的活动也就比较少了，每天要看书学习和做作业，能够用来干其他事情的时间也比较少；利用图书馆相关的学习活动的话，较多的可能是去借点书，一般也不在图书馆学习，因为很多资料在网上都能够查到，查图书资料也算是比较麻烦的了；生师相处经验的话，基本上没有和老师有私下的接触，老师上完课基本就走了，只在上课时有一些互动交流，但是也不多，毕竟那么多人，老师也交流不过来。在实验室也基本是研究生带我们学习的，老师不直接教我们。从我参与学习活动后产生的学习收获来看，我觉得我在利用计算机及信息技术、课程学习方面收获最大。以前我只会娱乐，现在还会使用信息技术进行学习，对我有很大的影响和帮助；与课程相关的学习活动是学校精心安排的，系统学习的学校课程使我基本掌握了专业知识技能，对我今后的发展有很大帮助。非要说第三个我最有收获的学习活动类型的话，那就应该是谈话相关的活动，就是你这里的谈话话题和谈话中的信息两个维度了，具体我也分不清，但毕竟那是人与人之间的交流方式，也是我们学习方式的重要组成部分，所以收获也就比较大了。在你们这13种学习活动类型中，我收获最低的学习活动类型应该是利用图书馆、参与学生社团和组织相关的活动，图书馆一方面我去得少，另一方面我是工科专业，一般的书实验室都有，用不着去图书馆；学生社团和组织因为我也参加得少，所以也谈不上有什么收获，还有美术音乐戏剧相关的活动，我很少参与，收获也说不上来。

D1：我觉得我的学习活动质量整体还行吧，至少中等水平，学习也还算轻松。就学习参与和努力程度的高低来说的话，我觉得我在课程学习、美术音乐戏剧、利用校园设备、学生社团和组织，以及谈话相关的活动上的参与程度都很高，让我从里面选出3种参与度最高的类型还真不简单。课程学习是我们在学校的根本任务，回想起来，整个大学阶段的课程还是比较多的，大部分时间都在上课；我是艺术类专业的，我们的课程学习和美术音乐戏剧、校园设备、学生社团和组织这些学习活动紧密联系，上课的内容本身就是参与美术音乐戏剧相关的活动，老师还经常会让我们练习一些乐器，所以校园设备的使用也就非常频繁；另外，我们每个学生基本都加入了自己的小组或者社团，演出一个人是不行的，所以参与程度也就比较高。之所以认为谈话相关的活动参与度也比较高，是因为谈话是我们交往的重要方式，无论是在生活还是学习之中。我参与度较低的活动可能是利用图书馆、写作经验、生师相处经验相关的活动。可能是我学习比较差，不太喜欢看书，也基本不怎么去图书馆，几乎整个大学阶段都没怎么去过；写作更是真的没怎么写过，老师的作业都是实践性的，比如唱歌、表演，很少让我们写东西，我还在发愁我的毕业论文；与老师相处也比较少的，平时只有上课能得到老师的指导，课下都是自己训练，和老师的课外接触不多。在这些学习活动中，我产生的学习收获较多的学习活动类型是课程学习、参与美术音乐戏剧、利用校园设备相关的学习活动，这些学习活动对我在艺术方面的专业发展具有很大的帮助，使我获益匪浅。收获较低的学习活动可能就是利用图书馆、写作经验、生师相处经验相关的活动了，没怎么参与。

　　由于篇幅和访谈方式所限，本研究在四个年级中每个年级仅选取了一位典型访谈对象的访谈资料作为案例，结合访谈对象的基本信息可知（见附录D），本研究引用的受访者均匀地分布在不同的性别和年级上，受访者的专业类型涉及文科、医学、工科和艺术4种类型，经过多轮对比和筛选，这4位受访者的访谈结果具有很强的典型性和代表性。将这4位受访者陈述的基本情况与本研究实证分析的结果结合起来可以发现，本研究实证数据分析的结果都得到了验证。从 4 位受访者的陈述中都可以看出，无论学生自己专业课程的难度如何，均认为自己的学习活动质量处于中等或一般水平，而且认为自己不同类型学习活动的质量差异较大。综合受访者陈述的结果来看，在不考虑受访者所在学校和专业差异的情况下，4 位受访者基本都认为其在课程学习、利用计算机及信息技术相关的学习活动类型中的学习质量较高，在利用图书馆、生师相处的经验相关的学习活动类型中的学习质量较低。从受访者陈述的原因可以看出，学生在学校课程相关的学习活动中学习质量较高，是因为学习是学生在学校的主要任务，而学校开设课程是学生学习的主要途径，学校的课程安排也占据了学生校园生活很大的比重，尽管有部分学生并不愿意上课，但整体上看学生还是对与学校开设课程有关的学习活动的参与和努力程度较高；学生在利用计算机及信息技术相关的学习活动中的学习质量较高，从 C10 的陈述中可见，主要是因为当前电子和信息技术十分发达，学生每天对计算机、手机等电子设备的接触和使用都比较频繁，特别是当前信息技术辅助教学在大学中的广泛推行，使得学生有更多的时间利用信息技术从事学习活动，所以自然对利用计算机及信息技术相关的学习活动参与度较高。学生参与程度较低的学习活动主要是利用图书馆、生师相处的经验相关的学习活动。学生在利用图书馆相关的学习活动中的学习质量较低，主要因为当前的电子信息网络发达，学生收集资料的方式已经由对纸质资料的翻阅转换为对电子文献的查询，学生通过信息网络渠道查询资料已经成为最主要的资料查询方式，加之当前高校图书馆的网络建设也不断趋于成熟，基本能够满足学生对资料查询的日常需要，所以学生较少去图书馆学习；学生在生师相处的经验相关的学习活动中的学习质量较低，主要原因在于学生缺乏和教师交流的机会。

二、不同类别大学生的学习活动质量状况

从数据实证分析的结果看，大学生学习活动质量在年级、生源地、是否是独生子女和父母最高学历上都存在显著差异，在性别上无显著差异。在年级上，大四学生的学习活动质量最高，其他年级之间无显著差异；在生源地上，学习活动质量城市生源高于城镇生源高于农村生源；在是否为独生子女维度上，独生子女学习活动质量高于非独生子女；在父母亲最高学历上，整体上父母亲学历较高的学生学习活动质量也比较高。由于访谈法的局限性，难以通过访谈来了解学习活动质量在不同类别大学生身上的差异，所以仅能从一个侧面对实证分析结果作以验证。但在访谈中，尽量选择了更多高年级学生，由于其学习经历和对大学的体验都更为丰富，所以对高年级学生的访谈可以使访谈结果更具有代表性。

A4：从你列举的这些因素来看，除在性别上我感觉不明显外，在其他因素上应该都有差异吧。年级的话，虽然我现在感觉还不是太明显，但如果是你们强调的参与和努力程度的话，我觉得还是高年级的学生要高一些，工科高年级的学生都知道

做什么实验以及该怎么做，轻车熟路了，而且感觉他们学习目标也比我们清晰多了，学习都很有目的性。如我认识的一个学长准备考研，他基本整天都在实验室里。在生源地上，我虽然是农村出身，但是我不觉得我在学习活动中的参与和努力程度低（相比较于城市和城镇生源的学生），而且我知道家里对我有很大的期许，所以我反而会更努力地学习，但是我发现身边也有一些农村的学生，可能是家庭原因，他们整天都是各种打工、兼职，不怎么学习。在是否为独生子女上，我觉得这个也不太明显，我就是独生子女，但是我觉得和非独生子女相比，我们也差不多，看不出什么不同，但就你说的学习努力程度来看，我个人觉得独生子女好像更加努力，因为我觉得独生子女更加明确自己想要什么，至少我觉得是这样。父母最高学历上，从我的经验和身边同学的情况来看，好像确实是父母学历高的学生学习质量也会高，可能是家教好，具体的原因我也说不上来。

B2：我觉得在除性别外的因素上应该都有差异吧（学习活动质量），结合我的经验，我觉得学习活动质量在性别上真没有什么差异，特别是在参与和努力程度上。年级的话，我是大二，我觉得我现在比以前努力多了，除了学校的考试之外，还要考取各种证书，每天都在学习啦。生源地嘛，我觉得城市的学生应该会好一些，比如像我们专业是园艺学，城市学生就没怎么接触大自然（相比较于城镇和农村生源），我感觉他们都在很努力地学习，其实很多东西我们都是常识啦，只是没有书上讲得那么专业而已，所以我们学着就省力多了。我有一个姐姐，我觉得这个对我的影响还是比较大的，我家庭环境一般，家里供养两个大学生还真是不容易，所以我和我姐在大学期间都会有各种兼职，耽误了很多学习时间。我爸妈都是高中毕业，我感觉和同学的爸妈是高学历的相比，确实有一些差距，人家从小就各种培训，学会了各种技能，比我们优势大多了。

B10：我觉得除了性别因素之外，学习活动质量在其他方面都有差异，如果是你说的参与和努力的程度的话。这个性别差异我真没感受到。至于年级嘛，现在大二了，我觉得我大一主要都在瞎玩儿，带着我的同学（外地人）在北京各种游玩儿，没怎么学习，现在要考四级，还有其他证书，压力好大呀，不得不努力学习了。我是北京人，我觉得相比较于农村和城镇来的同学，我是最努力的，因为他们都想着毕业了就回老家工作，可能是压力没有这边大，感觉他们学习好轻松的样子，我的好闺蜜（非城市生源）平时都只和我玩儿，但我叫她们一起上自习时她们就都不来，都在追剧，弄得我有时候也想看剧不学习了。我是独生子女，我觉得相比较于非独生子女，我们的压力更大。我父母都有固定工作，但是我有个同学是农村的（独生子女），父母都没有工作，她说以后父母都要靠她养活呢，所以我看她特别努力，想想她作为一个女孩儿真不容易。我爸是硕士，我妈是本科，我觉得这个影响主要是在家庭教育上，因为我是学教育专业的，我觉得父母学历对孩子的影响主要表现在家教上，比如我爸妈从小就会教给我很多东西，而且支持我上很多我感兴趣的培训班，现在感觉挺有用的。

C5：根据我这几年上大学的学习经验，我认为在性别上没差异，在年级、生源地、是否是独生子女和父母学历上都有差异（学习活动质量）。性别差异我真没感受到，我觉得身边的女同学也很努力，每天和我一样。年级上的话，大一和大二我感觉学习情况都差不多，只是觉得大一是在漫无目的地瞎混，大二更知道学习了。目前的话还是比较忙的，我四级都还没考过，还得考其他证书，我也想考研，压力好大，得好好学了，真的比以前认真多了。生源地的话，我觉得还是城市学生努力的多一些吧，我是城市人，很早就接触电脑了，上大学之前是一个资深的游戏玩家。我是游戏设计专业的，相比较其他的学生（城镇和农村生源的学生），我们城市生源的学生优势太大了，很多知识我们已经很精深了，但他们连基本的知识都还没法掌握，最后都放弃了，所以我发现很多城镇或农村生源的学长学姐们毕业后都转行了。是否为独生子女的话，我的感觉不是太明显，只是觉得是独生子女的学生家里对其学习的支持度比较大，比如可以用来学习的钱比较多，因为我们这个专业说实话还是很费钱的。我觉得父母学历影响还是比较大的，我父母都是硕士，家里比较支持我学游戏设计专业，但我们班上有同学的父母都没上过大学，他父母其实很反对他学习这个专业的，就希望他学习医学、教育之类的专业，所以他上这个专业跟家里闹得很僵，每次提到这事都很不高兴，可能还会产生一些其他方面的影响吧。

C9：我认为大学生学习活动质量在年级、生源地、是否是独生子女和父母最高学历上应该都有差异，在性别上没有差异。性别上我感觉不明显，因为我们平时和男生都是一起学习的，感觉都差不多努力。在年级上，回想三年的学习经验，我认为我现在的学习活动质量比以前高多了，参与和努力程度上，我更是觉得现在要比大一、大二那会儿好多了，大一基本就适应大学生活和各种瞎玩儿，大二才知道学习，而那时候又没有清晰的目标，很快就混过去了，现在要考各种证书，又要为以后的工作开始准备，开始各种忙。生源地的话，我觉得城市生源学生学习的优势更大，我也是城市生源，我觉得我比其他学生（城镇生源和农村生源的学生）学习要努力得多，感觉他们给自己定的目标太低了，毕业后都准备回家乡工作，可能是压力小吧，我就不行了，我家是郑州的，压力很大的，我只有好好努力，才可能在郑州找个好工作。在是否是独生子女上，我感觉学习活动质量没有太大差异，我是独生子女，我只是觉得身边的非独生子女好像压力比我们小很多。至于父母的最高学历，我认为这个对我的学习有很大影响，我父母都是老师，都是大学本科学历，他们很懂得如何教育我，从小不但鼓励我好好学习，还教给我很多有效的学习方法，对我的学习有很大帮助。

C11：我觉得学习活动质量在年级、生源地、是否是独生子女和父母最高学历上面都有差异，在性别上没有差异。结合我三年的学习经验，我觉得男女之间在学习上没有什么差异，至少我没感受到。在年级上，我倒是觉得还是高年级时的学习活动质量较高，大一的时候可以说没学什么，只是玩儿了，大二以后才慢慢开始知道学习，想那时候浪费了多少时间呀，现在正在拼命补。生源地上的差异，我觉得不太明显，我的好哥们儿中有好几个都不是城市生源，他们在对待学习上和我一样，就是觉得他们可能经济压力比较大，很多时间会去干点兼职赚点外快，但他们干的那些活儿实在是没什么技术含量，完全就是跑腿的。在是否为独生子女上，我觉得独生子女可能学习活动质量更高，这个具体原因我也说不上来，只是我们平时聊天的时候，感觉家里有兄弟姐妹的同学都有恃无恐，兄弟姐妹都可以给他们帮助，所以他们学习就没那么卖力了，我们这些独生子女可就不行了，我爸妈将来还指望我让他们过好日子呢。在父母学历上的差异，我认为父母学历较高的话，学生的学习活动质量会比较高，因为较高学历的父母从小就会教育好孩子，养成良好的学习习惯，这肯定对后来任何阶段的学习都是有帮助的，我就很感谢我爸妈从小对我的教育。

D3：我觉得学习活动质量在除去性别之外的四个因素上应该都具有差异。性别上的差异我没注意到，感觉差不多的样子。年级上的话，我很明显地感觉现在比以前努力多了，毕竟要毕业了，大三以来的这段时间真是忙呀，以前被动地上课就好了，现在得为自己的未来打算了，不仅要考必要的证书，还要做好就业技能的训练，压力"山大"。在生源地上，我觉得还是城市学生更努力，他们其实不用那么努力，相比于其他生源更好找工作，但是他们往往就业目标比较高，看身边的几个北京的同学，他们准备投简历的工作，我想都不敢想，所以我看他们压力好像比我还大，毕竟我想回我家那边去工作，比他们好些。是否为独生子女的话，我觉得还是非独生子女好，他们有兄弟姐妹，所以家里的期望也不像我家对我这么强烈，压力小多了，我们宿舍那个有姐姐和哥哥的哥们儿，感觉他无任何压力，很多时候上课都不去。在父母学历上的差异，高学历父母的学生肯定有优势，感觉他们什么都知道，也多掌握很多东西，不像我，我爸妈都没上过大学，这点跟别人没法比。

D7：结合我的学习经验来看，在这五个维度，我觉得除去性别和是否是独生子女之外的其他三个应该都有差异（学习活动质量）。性别上的差异，我还真没注意到，感觉应该差不多，都说男生学工科有优势，我看女生也很厉害的。在年级上，我从未感觉到有现在这么大的压力，访谈时间真是因为我太忙了才推到现在的。我不是要考研嘛，每天都在努力复习，想想大一、大二那会儿真是太美好了，每天就只需要上课，太轻松了。在生源地上，因为我算是城镇生源吧，我觉得农村生源学生能吃苦，但就你说的在学习中参与和努力有效程度来说，还是城市生源学生的质量较高，我发现农村的学生往往学习不得法，而且感觉他们基础比较差，而城市的学生感觉什么都知道的样子，解决问题总是很有效率。是否是独生子女的话，因为我有一个哥哥，说实话我不感觉我和是独生子女的同学之间在学习质量上存在差异，我觉得都差不多吧。在父母最高学历上，我认为还是父母学历较高的学生学习活动质量更高，具体原因我也不好说，就是看身边父母是高学历的同学无论在哪个方面好像都比我们有些优势。

D10：我觉得在你说的这五个因素上除性别之外应该都具有差异。虽然我是工科专业，但是我觉得女生和男生真的差不多。在年级上，我感觉大三第二学期以后明显忙多了，大一、大二基本就只上课，现在想来还是很清闲的，毕竟现在快要毕业了，准备国考、省考，还要应聘事业单位、银行等，每天时间都不够用。生源地的话，我觉得我比别人更努力吧（相比于城镇和农村生源），我不希望再和我爸妈一样干一些无聊的工作，所以必须更加努力，我发现身边其他生源地的学生不会在意工作是否无聊，所以我觉得他们真的好轻松。在是否是独生子女上，我觉得独生子女应该更努力吧，毕竟压力大呀，集万千宠爱于一身的同时，也要承受家里的巨大期望和压力。我爸妈给我的压力就非常大，相比我身边非独生子女的伙伴儿来说，她们可以更放松，但是我不能。在父母最高学历上，我觉得父母高学历简直是学生无形的财富呀，我父母都是很一般的大学毕业，那时候还是大专，所以只能去工厂工作，看身边父母是高学历的同学，干起事情来确实比我们好多了，真的很羡慕呀。

根据受访者的陈述可知，本研究实证数据分析结果都得到了一定程度的验证。由数据实证分析可知，大学生学习活动质量在年级、生源地、是否是独生子女和父母最高学历上都存在显著差异，在性别上无显著差异。在存在差异变量的内部，大四年级、城市和城镇生源、是独生子女、父母学历较高大学生的学习活动质量相对较高。从受访者的陈述中可见，所有受访者均认为学习活动质量在性别上不存在差异，在其他变量上存在差异。通过对这些受访者陈述的分析，可以得到之所以其认为学习活动质量在这些变量上存在差异的原因有：在年级上，大四年级学生的学习活动质量最高。一是由于高年级的学生形成了自己的学习方法，能够以更高的效率从事学习活动，二是由于高年级的学生往往面临着继续深造、就业、考证等多方面的压力，往往将更多的时间和精力投入到学习中去。在生源地上，城市生源学习活动质量大于城镇生源大于农村生源，这可能主要是因为家庭经济条件和个人就业期许的差异造成的，从受访者的陈述可以看到，农村生源的学生往往出于经济原因而从事兼职行为，一定程度上耽误了自身的学习，而且相比于城市生源，农村生源的学生往往对就业没有太高的期许，从而使得其学习的压力和动力都相对较小，学习活动的质量较低。研究发现，独生子女的学习活动质量高于非独生子女，从受访者的陈述来看，可能与独生子女具有较大的压力及其父母的教育方式有关，相比较于非独生子女，独生子女的父母从小就教导其要独立、有责任等，是独生子女的学生在工作以后往往需要一个人承担家庭的重担，其在校学习的压力和动力也都要高于非独生子女。在父母学历上，整体上父母亲学历较高的学生学习活动质量也比较高，从所有受访者特别是 C11 的陈述中可知，这可能与高学历的父母从小对孩子的教育有关，较高学历的父母往往拥有更加科学的方法对孩子进行教育，学生从小就打下了很好的基础、形成了良好的学习习惯，从而对学生后续的学习和发展都发挥了很大的积极作用。

三、对研究结果的说明

通过定性访谈，本研究数据实证分析的结果都在很大程度上得到了验证，但在定性访谈中笔者也发现了一个值得注意的问题——大学生对学习收获和学习活动质量的判断都呈现出实用化和功利化的倾向。笔者认为，这对大学生的长远发展是极为不利的。从受访者的陈述中可以明显感受到，大学生所理解的学习收获更倾向于短期内可见的收获以及知识相关的收获，往往相对忽视了其参与学习活动后产生的在态度、情感等方面的收获和长远发展的收获；学生判断学习活动质量高低的标准也更倾向于"能够学习到知识技能的程度"，而相对忽视了其参与的和知识技能学习无直接关系的学习活动。然而，在本研究中的学习收获包括了个人发展、科学技术、通识教育、职业准备和智慧能力5方面，学习收获涵盖了知识、技能、情感、态度等多个方面的收获，对学习活动质量的判断也应在此基础上进行，应该综合考虑个体对学习活动的参与程度和努力程度，以及在参与该学习活动之后在各方面的学习收获。所以，尽管本研究的质性访谈法在一定程度上验证了数据实证分析的结果，但是也还有待进一步深入研究和探索，本研究的质性访谈结果仅能从一个侧面为实证分析结果提供证据。

第五章　大学生学习活动质量的影响因素

　　根据理论基础可知，学生的客观个体变量和感知的校园环境变量是影响大学生学习活动质量的两个重要因素，学生客观个体变量和感知的校园环境变量都对大学生学习活动质量有直接影响，同时，学生客观的个体变量也会通过影响其感知的校园环境变量对学习活动质量产生间接影响。鉴于此，该部分内容在分析大学生学习活动质量影响因素时分三步走：首先，采用多元逐步回归分析法，分别分析学生的客观个体变量内部和感知的校园环境变量内部的各因素对大学生学习活动质量影响的直接效应和间接效应的大小；其次，通过采用阶层多元回归分析法，了解学生客观个体变量和感知的校园环境变量二者整体对大学生学习活动质量影响的大小，以把握二者对大学生学习活动质量影响的主次顺序；最后，采用结构方程模型，分析学生的客观个体变量内部和感知的校园环境变量内部各因素对大学生学习活动质量影响的直接和间接路径，以及影响路径效应值的大小。在对实证数据进行系统分析之后，本研究仍然借助定性访谈分析法对实证分析结果进行验证，以深入分析和把握大学生学习活动质量的具体影响因素。

第一节　基于客观个体变量的大学生
学习活动质量影响因素

　　一般来说，不同个体的学习成绩和学习效果往往存在较大差异，这种差异正是由学生个体变量差异引起的，这说明学生的个体变量对其学习活动质量具有重要影响，那么到底哪些变量对大学生的学习活动质量产生了影响呢？本研究投入了学生的性别、是否为独生子女、是否单亲家庭、年级、生源地、政治面貌、是否担任学生干部、父亲最高学历、母亲最高学历、是否继续深造、兴趣爱好类别、大学期间是否恋爱这 12 个客观的个体变量，通过借助逐步多元回归分析法，以把握这些客观个体变量对学生学习活动质量的影响状况，以及影响的大小。

　　从统计学上讲，变量间存在相关关系是探索回归关系的前提。学生客观个体变量与学习活动质量之间的相关关系分析见表 5-1。从表中可以看出，本研究投入的 12 个客观个体变量中，除性别之外的其他变量均与学习活动质量之间存在显著相关关系。从相关系数的值来看，仅有年级和政治面貌两个变量与学习活动质量之间的相关系数为正数，其他的相关系数均为负数。根据学生各具体客观个体变量与学习活动质量之间的相关系数，从各个体变量整体的角度看可以得到如下结论：学生的性别变量与学习活动质量之间无显著相关关系；年级、政治面貌与学习活动质量之间呈显著正相关；是否为独生子女、是否生长于单亲家庭、是否担任学生干部、是否继续深造、大学期间是否恋爱与学习活动质量之间呈显著负相关。

表 5-1　客观个体变量与大学生学习活动质量的相关系数

因素（问题）	选项设置	学习活动质量
性别	男；女	0.001
是否为独生子女	是；否	−0.058***
是否生长于单亲家庭	是；否	−0.031*
年级	大一；大二；大三；大四	0.061***
生源地	城市；城镇；农村	−0.103***
政治面貌	团员；中共党员（含预备）；群众；民主党派	0.033*
是否担任学生干部	是；否	−0.176***
父亲最高学历	博士；硕士；本科；专科；高中及以下	−0.056***
母亲最高学历	博士；硕士；本科；专科；高中及以下	−0.042**
是否继续深造	是；否	−0.134***
兴趣爱好类别	学习类（与学校开设课程有关的爱好）；业余类	−0.124***
大学期间是否恋爱	是；否	−0.116***

注：N=4404，*p<0.05，**p<0.01，***p<0.001。

表5-2　客观个体变量对大学生学习活动质量的逐步多元回归分析摘要

投入变量顺序	多元相关系数	决定系数 R^2	增加量（ΔR^2）	F 值	净 F 值（ΔF）	B	Beta（β）
截距						72.724	
是否为学生干部	0.176	0.031	0.031	141.031***	141.031***	−5.006	−0.146
是否继续深造	0.212	0.045	0.014	103.656***	64.253***	−4.307	−0.111
兴趣爱好类别	0.238	0.057	0.012	88.001***	54.187***	−4.824	−0.113
生源地	0.256	0.065	0.009	76.852***	41.004***	−1.902	−0.092
大学期间是否恋爱	0.270	0.073	0.007	69.072***	35.537***	−2.685	−0.078
年级	0.278	0.077	0.004	61.321***	21.000***	1.024	0.068

注：因变量为：学习活动质量，***p<0.001。

基于客观个体变量与学习活动质量之间的相关关系，采用逐步多元回归分析法构建回归模型。在回归模型中投入除性别之外的其他11个客观个体变量，从最终得到的逐步多元回归模型来看（见表5-2），在投入的11个个体变量中，仅有是否为学生干部、是否继续深造、兴趣爱好类别、生源地、大学期间是否恋爱、年级这6个变量进入了回归方程，其他5个变量则没能进入，说明在这11个客观个体变量中，仅有是否为学生干部、是否继续深造、兴趣爱好类别、生源地、大学期间是否恋爱和年级这6个客观个体变量对大学生学习活动质量具有显著的影响力，而是否为独生子女、是否生长于单亲家庭、政治面貌、父亲最高学历和母亲最高学历这5个变量对大学生学习活动质量无显著的影响力。从表5-2中可知，6个预测变量和"学习活动质量"的多元相关系数为0.278，决定系数为0.077，最终回归模型整体性检验的F值为61.321（p=0.000<0.05），因

此这6个客观的个体变量可以有效解释"学习活动质量"7.7%
的变异量。从各预测变量解释力的大小来看，投入"是否为学
生干部"变量的解释力最大，能够解释"学习活动质量"整体
的3.1%，而"年级"变量的解释力最小，仅能解释"学习活动
质量"的0.4%，6个客观个体变量对大学生"学习活动质量"
解释力由大到小依次为是否学生干部、是否继续深造、兴趣爱
好类别、生源地、大学期间是否恋爱和年级。

　　结合以上的相关分析和回归分析，以及学生客观个体变量
与学习活动质量的回归系数，可以得到如下结论：（1）是否为
学生干部、是否继续深造、兴趣爱好类别、生源地、大学期间
是否恋爱和年级这6个客观个体变量对大学生学习活动质量具
有显著影响；（2）在学习活动质量高低上，担任学生干部学生
的学习活动质量要高于没有担任学生干部的学生，有继续深造
打算的学生的学习活动质量要高于没有继续深造计划的学生，
兴趣爱好为与学校开设课程有关爱好的学生的学习活动质量要
高于兴趣爱好为业余类的学生，城市生源到城镇生源再到农村
生源学生的学习活动质量逐渐降低，在大学期间谈恋爱的学生
整体的学习活动质量要高于没有恋爱的学生，整体上随着年级
的升高学生的学习活动质量也升高。

第二节 基于感知的校园环境变量的大学生学习活动质量影响因素

在教育实践中，学生个体之间学习活动的质量差异，一方面是由学生个体之间的客观差异引起的，另一方面是由于学习环境因素作用于学生个体的不同造成的，前者表现在上述分析中的学生客观个体变量对学习活动质量的影响上，而后者则表现在学生主体所感知的校园环境变量对学习活动质量的影响上。为了探索学生感知的校园环境变量对大学生学习活动质量的影响，本研究将大学生感知的校园环境变量分为学生感受到的学校对学术环境的重视程度、对实用环境的重视程度、校园人际环境支持度3个方面，研究采用逐步多元回归分析法，探索这3个学生感知的校园环境因素对其学习活动质量的影响程度。

学生感知的校园环境变量与学习活动质量的相关分析结果见表5-3，由表中可知，大学生感知的校园环境变量的三个方面均与学习活动质量呈显著正相关，且相关程度较高，这初步说明了学生感知到的学校对学术环境的重视程度、对实用环境的重视程度和人际环境支持度越高，其学习活动质量也就越高。为了进一步确定大学生感知的校园环境变量与学习活动质量之间的回归关系，在变量之间高度相关的基础上，本研究又采用了逐步多元回归分析法构建了回归模型。从最终的回归模型来看（见表5-4），学生感知到的学校对学术环境的重视程度、对实用环境的重视程度和人际环境支持度这3个变量都进入了回归方程，这说明这三个学生感知的校园环境变量均对学习活动质量具有显著的影响力。从表5-4中可知，3个变量与大学生学习活动质量最终的多元回归系数为0.384，决定系数为0.148，最终回归模型整体性检验的F值为254.290（p=0.000<0.05），因此这3个学生感知的校园环境变量可以有效解释"学习活动质量"14.8%的变异量。从预测变量解释力的大小来看，投入"对学术环境的重视程度"变量的解释力最大，能够解释"学习活动质量"的13.1%，"对实用环境的重视程度"变量的解释力最小，仅能够解释"学习活动质量"的0.1%。从以上分析可以得出如下结论：大学生感知的校园环境变量对学习活动质量具有显著的正向影响，学生感知的校园环境变量的3个因素对学习活动质量的影响力由大到小依次为学生感知到的学校对学术环境的重视程度、人际环境支持度和学校对实用环境的重视程度。

表5-3　学生感知的校园环境变量与学习活动质量的相关系数

因素（问题）	选项设置	学习活动质量
对学术环境的重视程度	没人情味的、不相容的→支持的、有帮助的	0.362***
对实用环境的重视程度	没人情味的、不相容的→支持的、有帮助的	0.353***
人际环境支持度	没人情味的、不相容的→支持的、有帮助的	0.285***
注：N=4404，***p<0.001。		

表5-4　学生感知的校园环境变量对大学生学习活动质量的
逐步多元回归分析摘要

投入变量顺序	多元相关系数	决定系数 R^2	增加量（ΔR^2）	F 值	净 F 值（ΔF）	B	Beta（β）
截距						26.278	
对学术环境的重视程度	0.362	0.131	0.131	663.741***	663.741***	0.141	0.212
人际环境支持度	0.383	0.146	0.015	377.394***	79.249***	0.100	0.136
对实用环境的重视程度	0.384	0.148	0.001	254.290***	7.044***	0.061	0.091

注：因变量为：学习活动质量，***p<0.001。

第三节　客观个体变量和感知的校园环境变量对学习活动质量影响的主次及路径

基于以上分析可知，学生客观个体变量和感知的校园环境变量均对大学生学习活动质量具有重要影响。那么，在学校教育环境中，这两个变量到底哪个对大学生学习活动质量的影响力更大？这两个变量又是如何影响大学生学习活动质量的？为明确这两个问题，本研究分别借助阶层多元回归分析法和结构方程模型，来把握这两个变量对大学生学习活动质量影响的主次及路径。

一、客观个体变量和感知的校园环境变量对学习活动质量影响的主次分析

根据实证分析可知，学生的客观个体变量和感知的校园环

境变量均对其学习活动质量具有显著的影响，为了明确这两个变量对学习活动质量影响的主次顺序，本研究进一步采用阶层多元回归分析法，以确定大学生客观个体变量和感知的校园环境变量对学习活动质量的主次效应值。阶层多元回归分析法一方面可以检验学生客观个体变量和感知的校园环境变量与学习活动质量之间的逐步多元回归结果，另一方面也可以分析得到客观个体变量和感知的校园环境变量对学习活动质量影响的主次顺序。在阶层多元回归分析法中，最关键的工作是决定变量的阶层关系和进入模式（邱皓政，2009）。[①] 本研究中，将学生客观的个体变量作为多元回归模型的第一区组，包括是否为学生干部、是否继续深造、兴趣爱好类别、生源地、大学期间是否恋爱和年级这 6 个变量；将学生感知的校园环境变量作为第二区组，包括学生所感知到的学校对学术环境的重视程度、学校对实用环境的重视程度、人际环境支持度这 3 个变量。这样划分区组是由于客观的个体变量都属于控制变量，而一般都将控制变量作为第一区组。

---

① 邱皓政 . 量化研究与统计分析 [M]. 重庆：重庆大学出版社，2009：265.

表 5-5　客观个体变量与感知的校园环境变量对学习活动质量的
阶层多元回归分析摘要

阶层变量	预测变量	区组一		区组二	
		标准系数	t 值	标准系数	t 值
客观个体变量	是否为学生干部	−0.146	−9.929***	−0.110	−8.000***
	是否继续深造	−0.111	−7.456***	−0.102	−7.384***
	兴趣爱好类别	−0.113	−7.747***	−0.102	−7.525***
	生源地	−0.092	−6.263***	−0.064	−4.693***
	大学期间是否恋爱	−0.078	−5.290***	−0.078	−5.669***
	年级	0.068	4.583***	0.071	5.135***
感知的校园环境变量	对学术环境的重视程度			0.207	6.241***
	人际环境支持度			0.113	7.180***
	对实用环境的重视程度			0.088	2.628**
回归模型概要	F 值	61.321***		124.784***	
	R^2	0.077		0.204	
	F 值变化量（ΔF）	61.321***		232.351***	
	R^2 变化量（ΔR^2）	0.077		0.126	

注：**$p<0.01$、***$p<0.001$。

分别将学生客观个体变量的 6 个子变量和感知的校园环境变量的 3 个子变量，按照先后顺序投入回归方程模型，处理结果见表 5-5。由表中可知，两个区组对大学生学习活动质量的解释力均十分显著（F 值对应的 p 值均小于 0.05）。客观个体变量中的各子变量对大学生学习活动质量影响力的大小依次为是否为学生干部、是否继续深造、兴趣爱好类别、生源地、大学期间是否恋爱、年级，感知的校园环境变量对大学生学习活动质量影响力的大小依次为学生感知的学校对学术环境的重视程度、人际环境支持度和学校对实用环境的重视程度。该结果与采用逐步多元回归分析法得到的结果相一致，进一步验证了逐步多元回归分析的结果。从两个阶层变量进入回归方程模型后，

决定系数 R^2 的值来看，第一区组对大学生学习活动质量的解释力比较小，6 个控制变量仅能解释因变量变异的 7.7%，第二区组对大学生学习活动质量的解释力 $R^2=0.204$，且非常显著，在控制变量的基础上解释增量（ΔR^2）为 0.126，也非常显著，这说明区组二在最终的回归模型中可以解释因变量的 12.6%，解释力要大于区组一。由此可以得出如下结论：感知的校园环境变量对大学生学习活动质量的影响力要大于学生的客观个体变量。

二、客观个体变量和感知的校园环境变量对学习活动质量影响的路径分析

采用逐步多元回归分析法和阶层多元回归分析法，尽管可以明确学生客观个体变量和感知的校园环境变量对大学生学习活动质量的影响及二者影响的主次效应，但并不能反映这两个变量的各子变量影响大学生学习活动质量的具体方式和路径。而结构方程模型（Structural Equation Models，SEM）正好可以弥补多元回归分析的不足，它融合了传统变量统计分析中的"因素分析"与"线性模型之回归分析"的统计技术，能够对各种因果模型进行辨识、估计与验证，它可以同时让所有的预测变量进入回归模型之中，不仅关注变量间的相关，更关注变量间的因果关系，不仅关注变量间的直接因果关系，也关注变量间的间接因果关系（吴明隆，2010）。[①] 利用结构方程模型，可以将各观测变量间的关系以模型化的方式进行估计分析，通过数据对假设模型的估计与验证，可以科学解释变量间的因果关系及相互的影响路径。因此，本部分将采用结构方程模型来分析客观个体变量和感知的校园环境变量影响大学生学习活动质量的具体方式和路径。

根据实证分析可知，本研究投入的 11 个客观个体变量中，仅有是否为学生干部、是否继续深造、兴趣爱好类别、生源地、大学期间是否恋爱、年级这 6 个因素对大学生学习活动质量具有显著影响，投入的 3 个学生感知的校园环境变量（对学术环境的重视程度、人际环境支持度、对实用环境的重视程度）也均对大学生学习活动质量具有显著影响。根据本研究理论分析框架可知，学生感知的校园环境对大学生学习活动质量具有直接影响，客观个体变量在直接影响大学生学习活动质量的同时，也通过影响大学生对学习环境的感知来间接影响学习活动质量。据此可得到客观个体变量和感知的校园环境变量影响大学生学习活动质量的初始整体假设理论模型（见图 5-1），然后将两个变量的各子变量引入整体假设理论模型之中，可以得到本研究的研究初始假设理论模型（见图 5-2）。

① 吴明隆. 结构方程模型：AMOS 的操作与应用 [M]. 重庆：重庆大学出版社，2010：1-33.

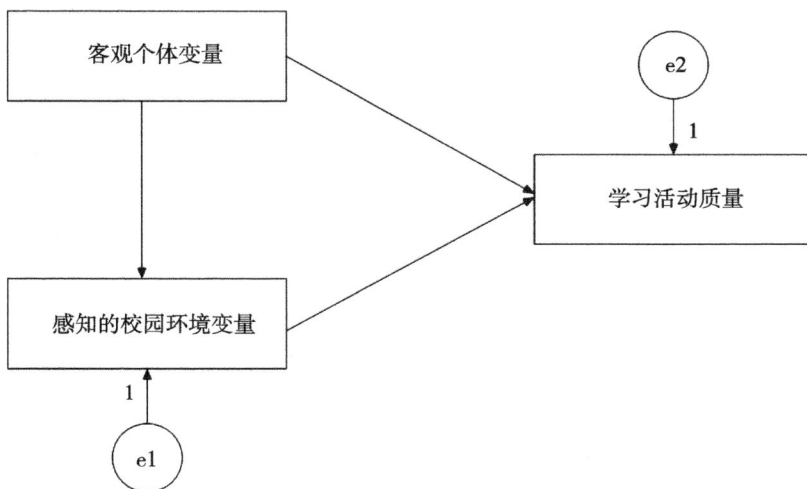

图5-1　初始整体理论假设模型

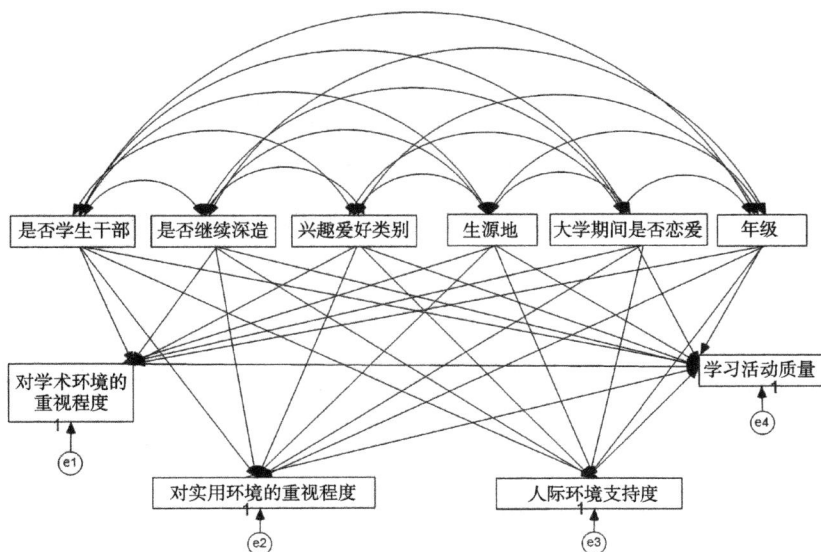

图5-2　研究初始假设理论模型

在研究初始假设理论模型中，将各观测变量纳入模型中构建变量间的因果关系和影响路径，研究模型的基本假设是"感知的校园环境变量直接影响大学生的学习活动质量，客观个体变量一方面直接影响大学生学习活动质量，另一方面通过感知的校园环境变量间接地影响大学生学习活动质量"。在该理论假设前提下，研究模型的具体假设为：（1）是否为学生干部变量对大学生学习活动质量具有直接影响，并分别通过学生感知的学校对学术环境的重视程度、对实用环境的重视程度和人际环境支持度3个变量，对学习活动质量产生间接影响；（2）是否继续深造变量直接影响大学生学习活动质量，也通过学生感知的学校对学术环境的重视程度、对实用环境的重视程度和人际环境支持度3个变量，间接影响学习活动质量；（3）兴趣爱好类别变量直接影响大学生学习活动质量，也通过学生感知的学校对学术环境的重视程度、对实用环境的重视程度和人际环境支持度3个变量间接影响学习活动质量；（4）生源地变量对大学生学习活动质量具有直接影响，并通过学生感知的学校对学术环境的重视程度、对实用环境的重视程度和人际环境支持度3个变量间接影响学习活动质量；（5）大学期间是否恋爱变量对大学生学习活动质量具有直接影响，并通过学生感知的学校对学术环境的重视程度、对实用环境的重视程度和人际环境支持度3个变量对学习活动质量产生间接影响；（6）年级变量对大学生学习活动质量具有直接影响，也通过学生感知的学校对学术环境的重视程度、对实用环境的重视程度和人际环境支持度3个变量间接影响学习活动质量；（7）学生感知的学校对学术环境的重视程度对学习活动质量具有直接影响；（8）学生感知的学校对实用环境的重视程度对学习活动质量具有直接影响；（9）学生感知的校园人际环境支持度对学习活动质量具有直接影响。

在研究初始假设理论模型中引入实证数据做模型估计和拟合度分析，然而学生学习是一个十分复杂的过程，学生学习活动质量不仅受客观个体因素和感知的校园环境因素影响，还会受到其他复杂因素的影响，各种因素相互交错共同影响着大学生学习活动质量，学生客观个体变量的6个子变量和感知的校园环境的3个子变量影响学习活动质量的路径，也并不是每个研究假设都在统计学上达到了显著。在模型估计中，经笔者多次的模型修正，最终得到了较为理想的模型，剔除不显著的路径，对模型进行了调整，得到了最终有效的客观个体变量和感知的校园环境变量对大学生学习活动质量影响的路径，拟合后的模型见图5-3。

最终适配的模型（见表5-6）卡方检验显著性 p=0.083>0.05，而一般来讲卡方值对被试样本的大小非常敏感，样本数越大则卡方值越容易达到显著，导致理论模型遭到拒绝的概率也越大（吴明隆，2010）。在本研究样本量达到4404份的情况下，卡方值的显著性 p 值仍然大于0.05，由此可见理论模型估计矩阵与观察数据矩阵之间的适配比较理想。再从模型的其他适配指标看，模型的渐进残差均方和平方根（RMSEA）以及残差均方和平方根（RMR）也分别小于0.08和0.05，良性适配指数（CFI和AGFI）也都大于0.90，再从模型的增值适配指数和简约适配指数来看，也都适配得较为理想，这都说明理论假设模型和数据之间有较高的拟合度。因此，与初始假设理论模型相比，修正后模型中的假设均成立。

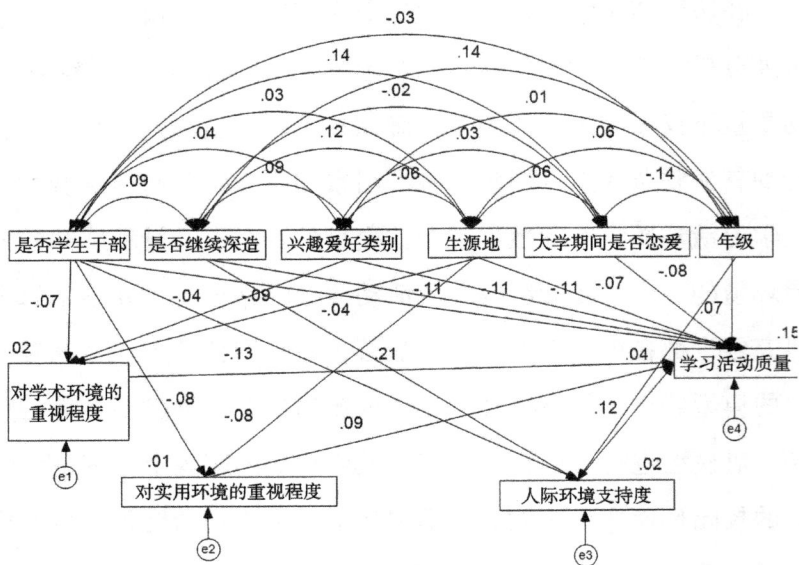

图 5-3　检验的最终模型

表 5-6　模型主要拟合度指标及拟合情况

拟合度指标	理想值	模型值	拟合程度
绝对适配指数			
P（χ2）	>0.05	0.083	拟合
RMSEA	<0.05 极佳；<0.08 合理	0.071	合理
CFI	>0.90	0.908	拟合
AGFI	>0.90	0.910	拟合
RMR	<0.05	0.048	拟合
增值适配指数			
NFI	>0.90	0.908	拟合
RFI	>0.90	0.910	拟合
IFI	>0.90	0.905	拟合

续表

拟合度指标	理想值	模型值	拟合程度
TLI	>0.90	0.913	拟合
CFI	>0.90	0.906	拟合
简约适配指数			
PGFI	>0.05	0.086	拟合
PNFI	>0.05	0.079	拟合
CN	>200	423	拟合
NC（CMIN/DF）	1—2极佳；2—3可接受	2.726	可接受

在最终拟合的模型中，所有的影响路径均达到了显著水平，从具体影响路径看（见表5-7），是否为学生干部、是否继续深造、兴趣爱好类别、生源地、年级，以及学生感知的学校对学术环境的重视程度、人际环境支持度和对实用环境的重视程度均对大学生学习活动质量具有直接影响，是否为学生干部、是否继续深造、兴趣爱好类别、生源地和年级也通过学生感知的学校对学术环境的重视程度、人际环境支持度和对实用环境的重视程度3个变量对大学生学习活动质量产生间接影响。从直接影响来看，学生感知的校园环境变量的3个子变量整体对学习活动质量的影响要大于学生客观个体变量的影响，学生感知的校园环境变量的3个子变量对学习活动质量的影响力由大到小依次为学生感知的学校对学术环境的重视程度、人际环境支持度和对实用环境的重视程度，学生个体变量的6个子变量对学习活动质量的影响力由大到小依次为是否为学生干部、是否继续深造、兴趣爱好类别、大学期间是否恋爱、年级、生源地。从间接影响来看，是否为学生干部变量会通过学生感知的学校对实用环境的重视程度、对学术环境的重视程度和人际环境支

持度来间接影响学习活动质量，生源地变量会通过学生感知的学校对实用环境和对学术环境的重视程度来间接影响学习活动质量，兴趣爱好类别变量会通过学生感知的学校对学术环境的重视程度来间接影响学习活动质量，是否继续深造和年级变量会通过学生感知的校园人际环境支持度变量来间接影响学习活动质量。模型中变量间接影响路径的间接效应与总效应值（见表5-8），又由于在大学期间是否恋爱变量对学习活动质量没有间接效应，且其直接效应值为 -0.081（见表5-7），再结合表5-8中有间接影响路径变量的总效应值可知，客观个体变量6个子变量对大学生学习活动质量影响力的大小由大到小依次为是否为学生干部、兴趣爱好类别、是否继续深造、生源地、大学期间是否恋爱、年级。

表 5-7　模型的标准化路径系数

Correlations			Estimate	Stan-Es	S.E.	C.R.	p
对实用环境的重视程度	←	是否为学生干部	-4.142	-0.081	0.762	-5.435	***
对实用环境的重视程度	←	生源地	-2.565	-0.083	0.460	-5.577	***
对学术环境的重视程度	←	是否为学生干部	-3.671	-0.071	0.771	-4.764	***
对学术环境的重视程度	←	生源地	-2.838	-0.091	0.466	-6.096	***
对学术环境的重视程度	←	兴趣爱好类别	-2.599	-0.041	0.961	-2.703	.007
人际环境支持度	←	是否继续深造	-2.301	-0.044	0.798	-2.882	.004
人际环境支持度	←	是否为学生干部	-5.875	-0.126	0.697	-8.435	***
人际环境支持度	←	年级	0.836	0.041	0.309	2.707	.007
学习活动质量	←	人际环境支持度	0.083	0.117	0.012	7.187	***

续表

Correlations			Estimate	Stan-Es	S.E.	C.R.	p
学习活动质量	←	对学术环境的重视程度	0.138	0.214	0.022	6.247	***
学习活动质量	←	年级	1.069	0.073	0.208	5.141	***
学习活动质量	←	大学期间是否恋爱	−2.674	−0.081	0.471	−5.675	***
学习活动质量	←	生源地	−1.330	−0.067	0.283	−4.698	***
学习活动质量	←	兴趣爱好类别	−4.360	−0.106	0.579	−7.532	***
学习活动质量	←	是否继续深造	−3.970	−0.106	0.537	−7.392	***
学习活动质量	←	是否为学生干部	−3.778	−0.114	0.472	−8.009	***
学习活动质量	←	对实用环境的重视程度	0.059	0.091	0.022	2.631	0.009

表5-8 模型中变量间接影响路径汇总

间接影响路径	间接效应值	总效应值
是否为学生干部→对实用环境的重视程度→学习活动质量	−0.081×0.091−0.071×0.214−0.126×0.117=−0.023	−0.023−0.114=−0.137
是否为学生干部→对学术环境的重视程度→学习活动质量		
是否为学生干部→人际环境支持度→学习活动质量		
生源地→对实用环境的重视程度→学习活动质量	−0.083×0.091−0.091×0.214=−0.027	−0.027−0.067=−0.094
生源地→对学术环境的重视程度→学习活动质量		
兴趣爱好类别→对学术环境的重视程度→学习活动质量	−0.041×0.214=−0.009	−0.009−0.106=−0.115
是否继续深造→人际环境支持度→学习活动质量	−0.044×0.117=−0.005	−0.005−0.106=−0.111
年级→人际环境支持度→学习活动质量	0.041×0.091=0.004	0.004+0.073=0.077

由各变量影响大学生学习活动质量的直接和间接效应值的正负情况来看，可以得到如下结论:（1）在感知的校园环境变量上，学生感知的学校对实用环境的重视程度、对学术环境的

重视程度和人际环境支持度越高，学习活动质量越好；（2）学生干部本身在学习活动中的努力程度就要高于非学生干部，另外学生干部感受到的学校对学术环境的重视程度、对实用环境的重视程度和人际环境支持度也要高于非学生干部，所以学生干部的学习活动质量高于非学生干部的学生；（3）在生源地上，在学习活动中的努力程度整体上城市生源的学生大于城镇生源大于农村生源的学生，在感受到的学校对学术环境的重视程度和对实用环境的重视程度上城市生源学生也大于城镇生源大于农村生源的学生，所以在学习活动质量上城市生源的学生要大于城镇生源大于农村生源的学生；（4）在兴趣爱好类别上，具有与学校开设课程相关爱好的学生在学习活动中的努力程度和感受到的学校对学术环境的重视程度都高于具有业余类爱好的学生，所以具有与学校开设课程相关爱好的学生学习活动质量较高；（5）有继续深造计划的学生在学习活动中的努力程度和感受到的学校对学术环境的重视程度都要高于没有继续深造计划的学生，所以有继续深造计划的学生学习活动质量较高；（6）在年级上，随着年级的升高大学生在学习活动中的努力程度也逐渐升高，学生感受到的校园人际环境支持度也不断升高，因此大学高年级学生的学习活动质量较高；（7）在大学期间是否恋爱变量上，在大学期间谈恋爱的学生的学习活动质量要高于没有恋爱的学生。

第四节 对研究结果的验证与讨论

借助回归分析和结构方程模型，本研究得出了基于学生客观个体变量和感知的校园环境变量的大学生学习活动质量影响因素相关结果。为使实证分析结果更加可靠，并深入了解这两个变量影响大学生学习活动背后的深层原因及实践表征，本研究进一步采用访谈法对实证分析结果进行了验证，并深入挖掘了学生客观个体变量与感知的校园环境变量对学习活动影响的深层机制。

一、大学生学习活动质量的影响因素

经过实证分析，本研究发现影响大学生学习活动质量的个体客观变量及其影响力的大小依次为是否为学生干部、是否继续深造、兴趣爱好类别、生源地、大学期间是否恋爱、年级，感知的校园环境变量及其影响力的大小依次为学生感知的学校对学术环境的重视程度、学生感知的学校人际环境支持度、学生感知的学校对实用环境的重视程度。其中，感知的校园环境变量对大学生学习活动质量的直接影响要大于学生客观的个体变量，学生客观个体变量在对大学生学习活动质量具有直接影响的同时，也通过感知的校园环境变量对学习活动质量产生间接影响。由于访谈法的局限性，以及学生客观个体变量和感知的校园环境变量的多样性及其变量间交互作用的复杂性，本研究不可能通过访谈法去了解两个变量内部的各子变量对学习活动质量的影响机理。所以，本研究仅希望通过访谈来了解在客观个体变量和感知的校园环境变量上，到底是哪些因素影响着大学生学习活动的质量，以及这些因素是如何影响的，除了这些因素外还有没有更主要的影响因素，这些影响因素又是什么。由于上一章在讨论"不同类别大学生的学习活动质量状况"中，已经证明了大学生学习活动质量在年级、生源地、是否是独生子女、父母亲最高学历上存在差异，而在性别上无显著差异这一结论，这种差异一定程度上已经证明了这些因素或多或少地影响着大学生的学习活动质量。当然了，大学生学习活动质量在这些因素上有显著差异，也并不能够完全反映这些因素对学习活动质量有影响，所以本研究又着重进行了定性访谈验证。

A2：说实话，两个表我觉得都挺复杂的，但是仔细看来，我觉得整体上第二个表（感知的校园环境变量）中的 3 个变量对学习活动质量的影响更大。第一个表（学生客观的个体变量）中的这些因素如果是你刚才说的"差异"的话，我感觉还是比较清晰的，但如果说是"影响"的话我感觉不太多，根据我的经验，如果非要找到几个影响相对比较明显的因素的话，我觉得生源地、是否继续深造、兴趣爱好类别、大学期间是否恋爱这 4 个变量的影响要相对明显些。生源地的话，我觉得城市生源的学生肯定会好一些；在是否继续深造上，我觉得有继续深造打算学生的学习活动质量会更高，毕竟有了明确的目标，而且还要参加考试；在兴趣爱好上，那有学校开设课程相关爱好的学生学习活动质量较高，喜欢肯定经常干，肯定比被动的同学强；在是否谈恋爱这个维度上，我觉得谈恋爱的人可能学习活动质量更高，特别是这里指的学习比较宽泛，谈恋爱的人有固定的学习伙伴，在一起也可以学习与课程相关的东西。里面其他的变量我没感觉到，就不说了。第二个表格中的这些变量我感觉就比较明显了（对学习活动质量的影响），什么事学校重视肯定是对我们有益处的。特别是学校对学术环境的重视程度变量，学校重视学习肯定会采取各种措施帮助和促进我们的学习，那质量自然就高啦。至于你说的其他影响因素，我觉得主动性很重要，毕竟无论什么因素都得我们自己主动去做，我们不主动去做的话，什么外在因素也无济于事。

B1：我觉得第一个表中的兴趣爱好类别、生源地、是否为学生干部、是否继续深造的影响比较大，其他的我感觉没什么影响。生源地上，我刚才也说了，我觉得城市生源的学生可能更有优势；这里面，我觉得最重要的是兴趣爱好，毕竟兴趣是最好的老师，有浓厚兴趣的话相应的学习质量也比较高；在是否为学生干部上，因为我也是学生干部嘛，我觉得我们每天比其他人（不是学生干部的学生）要忙一些，当然老师也会多照顾我们一些，所以我觉得我们的学习质量应该稍微好一些；是否继续深造的话，肯定打算继续深造的人学习质量更高，毕竟有巨大的任务，不努力不行。当然，我觉得这些变量的影响都比较小，相比较来说，第二个表格中这3个变量的影响要明显多了。学校越重视，学生的学习就越好，这里面影响最大的应该是第一个变量（学校对学术环境的重视度），影响最小的变量应该是第三个（学校对实用环境的重视度），我们专业的学习没有那么实用，只要重视我们的学习环境就好。除了你列举的这些影响因素之外，我觉得学生的积极性和主动性是最重要的，所有的变量都应该是通过影响我们的积极性和主动性发挥作用。

B5：我觉得客观个体变量中的兴趣爱好类别、年级、是否继续深造和是否为学生干部都对学习质量有重要影响。在年级上，我刚才也提到了，我们的专业比较难（医学类），一定要到高年级才能够掌握学习的技巧和方法，学习质量才可能更高；兴趣爱好我觉得最为重要，比如我自己，我就非常喜欢我的专业，尽管医学专业很难，但我整天学习也不觉得累；在是否继续深造变量上，我觉得肯定继续深造的学生学习活动质量更高，毕竟需要考研，所以学习比我们认真多了；之所以我选择了是否为学生干部变量，因为我也是学生干部，老师对我们要求相对比较高，平时还要给同学服务，老师有什么任务也会布置给我们，让我们组织安排，所以我认为我们学习质量会好一些。在感知的校园环境变量中，我觉得这些变量都对我的学习有很大影响，学校重视我们的学习，会给我们提供各种条件，比如指导老师的支持、设备的更新、教学的变革等，这些肯定都非常有利于我们学习，所以这3个变量中学校对学术环境的重视度肯定是最重要的，只有重视学术环境才会重视后面两种环境的建设。这两大类变量，相比较还是第二个大类变量（感知的校园环境变量）的影响大一些。除了这些变量之外，我觉得学生的学习动机也很重要，我们同学很多都只是想要个学历，因此不怎么努力，学习的积极性和主动性很差，那如果你是想学到知识的话，肯定要更加努力啦。

C1：根据我的学习经验，我觉得兴趣爱好类别、是否继续深造、大学期间是否恋爱和年级这4个变量和下面的这3个变量（对学术环境的重视度、人际环境支持度和对实用环境的重视度）都对学习活动质量有影响。年级的话，我刚才也说了，低年级的时候基本就是玩，没怎么学习；我觉得兴趣是十分关键的，比如我很喜欢表演，所以我每天都会去舞蹈室；继续深造的话，我有个闺蜜打算考研，感觉她每天战斗力满格，比我努力多了；因为我有男朋友，我觉得我比没有恋爱的伙伴更努力，我每天早上和我男朋友去练习舞蹈时，她们都在睡觉呢，基本上一睡就是一上午。至于感知的校园环境变量影响，肯定是学校越重视，对我们的学习越有利，特别是对学术环境的重视。当然，这两个大变量中，肯定是第二个大变量（感知的校园环境变量）的影响更大。若说还有其他什么影响因素的话，我觉得还是学习的主动性，毕竟要主动去学才行。

C10：我感觉第一个表格中的兴趣爱好类别、是否继续深造、年级这3个变量有影响，其他的我感觉不是太明显。兴趣爱好，我觉得是很重要的，喜欢的话肯定会参与更多；因为我在计划考研，现在就不得不开始努力复习了，现在考研很不容易，我基本每天都在学习和备考，我舍友每天只有睡觉和王者荣耀，看他感觉真爽；年级上，低年级时段我基本就混日子了，没怎么学习。第二个表格的话，我觉得这 3 个变量肯定都有影响，这里面最重要的肯定是学校对学术环境的重视度，重视学习才是最根本的，学校不重视的话，学生肯定就放任自流了。整体上看，我觉得第二个表格中的变量（感知的校园环境）的影响更大。除了这些变量之外，我也觉得是学习的主动性有影响。

D6：和他们两个的比较相似（与其他两位访谈者一起接受访谈），我也认为第一个表格（客观个体变量）中的兴趣爱好类别、是否继续深造、大学期间是否恋爱和年级这 4 个变量和第二个表格（感知的校园环境）中的 3 个变量，都对学习活动质量有影响，第二个表格中的变量影响更大。兴趣肯定影响很大，喜欢一件事和不喜欢时做起事来的态度不一样，喜欢学习的人学习活动质量更高。是否继续深造，这与学习的目的和计划有关，打算继续深造的话，肯定要更好好学习。我有个同学就是，他每天学习比我们卖力多了。至于谈恋爱呢，我的亲身经历，感觉没有恋爱时可能只在从事一些和知识有关的学习活动，恋爱后可能会更加丰富一些，如果把个人经历、同学交往等活动算上的话，我感觉谈恋爱的学生的学习活动质量可能更高。在年级上，我觉得现在比以前忙多了，想来大一、大二基本就没干什么事了。感知的校园环境变量中，肯定学校对学术环境的重视度对学生学习活动质量的影响最大，学校重视我们的学习，对我们的学习肯定是有帮助的。其他影响因素，我比较赞同他们两位的观点，就是学习的积极性和主动性。

D8：我认为兴趣爱好类别、是否为学生干部、是否继续深造、年级、生源地，以及第二个表格（感知的校园环境变量）中的3个变量都对学习活动质量有影响。在客观个体变量中，我觉得兴趣爱好类别的影响最大，兴趣是最好的老师，如果喜欢的话肯定参与程度会比别人高。是否为学生干部因素上，我深有体会，一有什么好事，老师总想着学生干部，老师对他们的期许也比较高，感觉他们更有优势。继续深造的话，我有个舍友要考人大的研究生，压力很大，每天除了睡觉都在备考，我们的学习态度和她是没法比的。年级的影响上，就像我刚才提到的，越到高年级任务越重了，肯定也会越来越忙。现在忙得不可开交，都是大一、大二欠的债，我还有很多必须拿到的证没考过呢，所以还得更加努力。在生源地上，我也一直觉得城市学生的学习质量高，就拿我们专业（国际汉语教育）来说，对英语的要求高，城市生源的英语水平比别的生源地类别的同学好了不少，学起来也更得心应手。感知的校园环境的3个变量中，对学习活动质量影响最大的是学校对学术环境的重视，毕竟这个与学生学习直接相关，肯定是学校越重视，对我们的学习越有利。如果说这两个表格中的变量整体哪个影响更大的话，我觉得肯定第二个（感知的校园环境变量），个人觉得第一个没有第二个影响得明显。

从受访者的陈述来看，尽管具体的陈述方式和对影响因素的判断在细节上有所差异，但整体上本研究一些重要的数据分析结果都得到了验证，达到了本次访谈的目的。在访谈中，整体上看，不同的受访者基本都认为客观个体变量中是否为学生干部、是否继续深造、兴趣爱好类别、生源地、大学期间是否恋爱和年级这 6 个子变量，以及感知的校园环境变量的 3 个子变量，都对其学习活动质量有重要的影响，且都认为感知的校园环境变量整体的影响更大。从不同受访者的陈述中也可发现，在学生客观个体变量上基本都认为兴趣爱好和是否继续深造这两个变量的影响最大，在感知的校园环境变量中学校对学术环境的重视度的影响最大，这和数据分析的结果基本相同。通过分析受访者陈述，也可以得到学生客观个体变量和感知的校园环境变量的各子变量内部差异的原因。担任学生干部职务学生的学习活动质量较高，主要是因为学生干部往往承担着学生群体学习活动组织者的角色，在学习活动中具有更高的学习积极性和主动性，且教师一般也对学生干部更为照顾；有继续深造打算的学生的学习活动质量较高，是由于其有明确的学习目标，学习的压力较大，相比较来说其学习动机更为强烈；兴趣爱好与学校开设课程有关学生的学习活动质量较高，主要原因在于学习兴趣引发了其更强的学习积极性和主动性；城市生源学生的学习活动质量较高，主要是因为其家庭经济条件相对宽裕，对学生学习的经济投入更大，且其从小就接受了良好的家庭教育，为未来的学习和发展打下了坚实基础；在大学期间有恋爱经历学生的学习活动质量较高，是因为其在大学期间的学习有恋人的陪伴，学习的动力更大，且在校园内的生活也更加丰富多彩；高年级的学生学习活动质量更高，主要是因为其相对摸索出了适合自己的学习方法，学习的效率更高，且由于高年级的学生面临的就业、升学等的压力更大，其学习的动力也更大一些。尽管定性访谈不能分析影响因素之间的交互作用和影响路径，但在受访者的陈述中也一定程度上得到了反映。另外，当在访谈中问到除去这些客观个体变量和感知的校园环境变量之外的影响学习活动质量的因素时，绝大多数受访者都认为学生学习的积极性和主动性是十分重要的因素，这对本研究来说是一个十分重要的发现。因为人是有主观能动性的个体，外界任何影响因素作用于学生，必然要通过影响学生的主观能动性来发挥作用，这对本研究理论分析框架的完善具有非常重要的启发意义，这也在很大程度上说明了学生的主观能动性是客观个体变量和感知的校园环境变量影响学习活动质量的潜在中介变量，这一点在所有受访者的陈述中也能明显觉察到，当然这一结论还有待进一步深入地研究探索与讨论。

二、对研究结果的说明

通过定性访谈，本研究数据分析结论得到了一定程度的验证，但在访谈中笔者依然感觉到了学生对学习活动质量理解的偏知识化和功利化倾向，很多受访者在陈述中更倾向于将学习活动质量理解为与知识学习相关活动的质量，尽管与知识学习相关的活动是学习活动的重要组成部分，但毕竟不能以偏概全，受访者的这一理解并不能完全反映学习活动质量的影响因素。但值得注意的是，访谈中在笔者的一再强调下，一些受访者对学习活动质量的理解与本研究界定基本相同，而且与知识学习相关的学习活动的确是学习活动最核心的部分，这也在很大程度上可以反映学习活动整体，所以本研究的结论在很大程度上是可靠的。

第六章　大学生学习活动质量的
研究结论与提升路径

　　新时代，以高水平推进"双一流"建设为抓手全面加快高等教育强国建设步伐，是我国高等教育改革发展的重要时代命题。大学生学习活动质量作为高等教育质量的根本承载者，探索提升大学生学习活动质量的实践路径具有重要理论和现实意义。本研究通过对大学生学习活动质量的抽样调查和实证分析，不仅厘清了大学生学习活动质量的整体状况，以及不同性别、年级、生源地、是否是独生子女、父母亲最高学历差异下的大学生学习活动质量基本状况，而且从学生客观个体变量和感知的校园环境变量两个角度深入分析了大学生学习活动质量的影响因素，为后续探讨大学生学习活动质量的提升路径奠定了坚实基础。该部分内容，在本研究理论分析框架的指引下，针对我国大学生学习活动质量存在的突出问题及其原因和影响因素，尝试提出大学生学习活动质量的提升路径。

第一节　大学生学习活动质量的研究结论

通过对大学生学习活动质量状况的探讨，本研究得出了关于大学生学习活动质量状况基本特征的相关研究结果，并从学生客观个体变量和感知的校园环境变量两个角度，得到了大学生学习活动质量影响因素的相关结论。

一、大学生学习活动质量基本状况

一般来说，不同研究者对大学生学习活动质量的内涵界定和分类方式往往有所不同，大学生不同个体所理解的学习活动质量的内涵往往也有所差异。而本研究认为："大学生学习活动质量是指大学生在大学学习生活中对旨在获取知识经验和促进自身发展的各种学习活动参与的有效程度，其核心内容是学生在学习活动中的参与和努力质量，衡量标准是产生学习收获的大小。"本研究对大学生学习活动的分类方法采用的是库等（Kuh，G.D.，et al.，2006）的分类方法，该分类方法将大学生学习活动分为利用图书馆活动、利用计算机及信息技术、课程学习、写作经验、生师相处的经验、参与美术音乐戏剧活动、利用校园设备、参与学生社团和组织活动、个人经历、同学交往、科学和量化的经验、谈话话题、谈话中的信息这 13 种类型。

基于本研究对大学生学习活动质量内涵的界定方式，以及对学习活动类型的分类方法，本研究对大学生学习活动质量基本状况及其在客观个体变量上的差异状况进行了系统分析，并根据问卷调查数据分析的结果进行了验证性的质性访谈。研究发现：（1）大学生学习活动质量总体处于中等水平且个体差异较大，大学生学习活动质量在不同学习活动类型上也有所差异，其在课程学习、利用计算机及信息技术相关的学习活动中质量较高，在利用图书馆活动、生师相处经验相关的学习活动中质量较低。（2）大学生学习活动质量在年级、生源地、是否是独生子女、父母亲最高学历维度上具有显著差异，在性别维度上无显著差异。在年级上，大四学生的学习活动质量最高；在生源地上，城市生源学生的学习活动质量最高，农村生源最低；在是否为独生子女维度上，独生子女的学习活动质量较高；在父母亲最高学历维度上，整体上父母亲学历较高的学生学习活动质量也比较高。

（一）大学生学习活动质量整体状况与讨论

大学生学习活动质量总体处于中等水平且个体差异较大，这与众多相关研究的结论相一致。如有研究通过对 520 名大学生的问卷调查发现，大学生实习投入总体及各维度均处于中等水平（姚利民，张祎，2021），[①] 这就使得大学生学习活动质量也处于中等水平。大学生学习活动质量的个体差异较大，可能主要由于大学生个体之间原本在各方面就存在着较大的差异，

---

① 姚利民，张祎. 大学生实习投入的调研分析与对策建议 [J]. 大学教育科学，2021，（3）：63–73.

由于其学习动机、学习兴趣，以及在学习活动中参与和努力程度的差异等原因，使得其学习活动质量也在实践中表现出了较大的差异。

在 13 种学习活动类型中，大学生在利用计算机及信息技术、课程学习有关的学习活动中的质量较高，这在一定程度上反映了当前大学生的学习常态。随着我国经济和信息技术的快速发展，大学生特殊的群体特征使得其有接触和利用计算机及信息技术的便利条件，笔记本电脑和手机等电子设备几乎人手一台，再加上学校教师在教育教学中也较多借助信息技术，更是面对本科生开设有信息技术相关课程，所以容易使得大学生在利用计算机及信息技术相关学习活动中的学习质量较高；利用学校课程相关的学习活动是大学生在大学学习生活中的主要内容，也是大学促进学生发展的主要方式，尽管有一些研究发现大学生课堂学习效率低下（崔爽，温恒福，2014），[①] 但本研究中与课程有关的学习活动内涵相对比较宽泛，它不仅包括学生在课堂上的学习活动，更泛指学生一切与学校开设课程有关的学习活动，研究发现大学生在与学校开设课程有关学习活动中的学习质量较高，可能是因为学生将更多的时间和精力放在了课外学习活动上。当然了，也有可能与受访者陈述的原因——课程学习是大学教育的主要内容，参加学校课程学习也是学生的主要任务，所以学生对与学校开设课程有关学习活动

---

① 崔爽，温恒福.大学生课堂效率低下的原因及改进策略 [J].现代教育管理，2014,（9）: 100-103.

的参与程度较高。

　　大学生在生师相处经验和利用图书馆相关的学习活动中质量较低，这可能与当前高校师生关系的现状和大学生学习方式的转变有关。从大学师生关系的现状看，有对武汉市某高校 350 名大学生（付慧娥，等，2011）[①]、江苏某两个本科高校 282 名大学生（李剑，2009）[②]、广州地区 7 所高校 720 名大学生（李泽民，2010）[③] 和西安市 20 余所高校 1253 名大学生（郝占辉，等，2010）[④] 等的调查研究，研究结果都认为目前大学师生关系一般，大学生对师生关系的满意度也一般，这就使得大学生生师交往有关的学习活动质量一般。从本研究的访谈中可以发现，学生在与生师交往有关的学习活动中的质量较低，主要是因为生师交流沟通得比较少，学生缺乏与教师交流的机会。从大学生学习方式来看，当前大学生的学习方式与以前相比有较大的变化，鉴于条件的限制，以前大学生的学习方式还比较传统，学习很大程度上意味着看纸质的书籍，图书馆自然就成为学生学习的圣地。随着科学和信息技术的不断发展，图书馆作为学生学习"实体"的意义已经开始小于其"虚体"价值，图书馆服务以数据库、电子文献和信息服务等为代表的功能日

① 付慧娥，邓新洲，郭昕 . 高校师生关系现状调查分析 [J]. 中国健康心理学杂志，2011，19（4）：451-453.

② 李剑 . 高校师生关系现状调查研究 [J]. 教育与职业，2009，（1）：45-46.

③ 李泽民 . 高校师生关系现状与发展研究——基于广州地区 7 所高校的调查 [J]. 教育导刊，2010，（7）：27-30.

④ 郝占辉，田英，苑芳强 . 高校师生和谐关系状况调查 [J]. 教育与职业，2010，（3）：44-45.

益突出，学生往往不需要到图书馆，就能够很便捷地获得自己想要的信息，所以大学生利用图书馆相关的学习活动质量较低，其中一方面的原因可能是其并不直接去图书馆学习，另一方面可能是其利用图书馆有关的学习活动质量的判断存在一定的偏见，相对忽视了图书馆作为"虚体"存在对其学习产生的积极影响。当然，其中有一些其他原因还有待探索和讨论。

（二）不同类别大学生学习活动质量状况与讨论

从已有相关研究看，性别、年级、生源地、是否是独生子女、父母最高学历等因素都是影响大学生学习活动质量的重要因素，这在本研究的国内外研究现状梳理部分可以看到。从本研究实证分析的结果看，大学生学习活动质量在性别上无显著差异，这可能与本研究学习活动质量的界定方式有关，本研究中的学习活动质量根本上指的是学生在学习活动中参与和努力的质量，而一般来说学生学习努力程度在性别上应该不会有太大的差异。而在年级上，从实证分析结果来看，大四学生的学习活动质量最高，而在访谈中也发现越是高年级的学生就越倾向于获得更高的学习活动质量，这可能与学生学习方法的有效性和学习的目的性有关，年级越高的学生往往掌握了本专业有效的学习方法，使得学习效率有很大的提高，加之高年级学生学习的目标更加明确，学习的动机更强，所以在学习活动中的参与和努力程度也往往比低年级的学生更高。在生源地上，城市生源的学生在学习活动质量上更优、农村生源的学生最差，正如受访者陈述的那样，这可能与城市生源家庭经济条件比较好，学生能够更加专心学习有关，而且从就业目标来看，城市生源学生的就业目标相对较高，所以学习的压力和动力也更大，努力的程度也就较高；另外，还可能与不同生源地学生的学习经历有关，在基础教育阶段，一般农村生源学生的学习都属于自发状态，而城市生源的学生往往父母从小就在学习上给予了更大的投入和引导，这就使得城市生源学生在后续的学习生活中具有更大的优势。在是否是独生子女上，独生子女在学习活动质量上表现出更大的优势，根据受访者的陈述，这可能与独生子女家庭中父母对其期许较大，再加上以后家庭的重担都要落在其一人身上，相比非独生子女其压力往往更大，所以独生子女在学习活动中的努力程度也就越高。在父母最高学历上，由于访谈法的局限性，很难剥离父亲和母亲学历对学生学习活动质量的影响，所以所有的受访者都将父母学历这一因素放在一起陈述。经实证分析发现，整体上看父母学历较高学生的学习活动质量也比较高。如受访者所言，这可能与家庭教育和父母潜移默化的影响有关。实际上，父母亲学历对学习活动质量影响的这一结论，已有的很多研究也已经证实了，具体在本研究的国内外研究现状部分已经有很多的相关研究结论。当然了，本研究对实证分析结论原因的推断只是基于已有的经验展开的，这些讨论都还有待更加深入地研究和检验。除这些原因之外，还可能有其他原因使得大学生学习活动质量在不同的变量上表现出了一定差异，这也都有待进一步研究和探索。

二、大学生学习活动质量影响因素

大学生学习活动质量的影响因素是一个十分复杂的系统。对于学生个体来讲，学生自身客观存在的个体因素及其感知的校园环境因素，是影响其学习活动质量最为重要的两个因素。因此，本研究在分析大学生学习活动质量影响因素的过程中，着重从大学生的客观个体变量和感知的校园环境变量这两个角度展开，在深入分析了这两个主要因素对大学生学习活动质量直接影响的同时，也借助一定的理论依据，通过运用结构方程模型，分析了二者的间接影响。

通过实证调查和访谈分析，本研究得到了关于大学生学习活动质量在客观个体变量和感知的校园环境变量上影响因素的主要结论：（1）学生客观个体变量中的是否为学生干部、是否继续深造、兴趣爱好类别、生源地、大学期间是否恋爱、年级这6个子变量，以及感知的校园环境变量中学生感知的学校对学术环境的重视度、对人际环境的重视度和对实用环境的重视度3个子变量，都对学习活动质量具有直接影响，整体上感知的校园环境变量的影响更大；（2）在客观个体变量上，学生的兴趣爱好类别、是否继续深造对学习活动质量的影响最大，在感知的校园环境变量中对学术环境的重视度影响最大；（3）学生客观个体变量中的是否为学生干部、是否继续深造、兴趣爱好类别、生源地、大学期间是否恋爱、年级这6个子变量，都会通过影响学生感知的校园环境变量不同的子变量，对学习活动质量产生间接影响;(4)学生学习积极性和主动性是影响大学生学习活动质量的重要因素。

(一)校园环境因素对学习活动质量的影响

本研究发现,学生感知的校园环境变量中的学生感知到的学校对学术环境的重视度、对人际环境的重视度和对实用环境的重视度3个子变量都对学习活动质量具有直接影响,学校的重视程度越高学生的学习活动质量也就越高。这一研究结果印证了我们的基本常识。一般意义上讲,学校越是注重学生的学习环境、人际环境和实用环境的建设,就越能为学生学习提供良好的条件,同时学生感受到的学校为其学习提供的学习资源和条件也就越好,从而也更有可能使其以更高程度的参与和努力投入到学习活动中去,促进学习活动质量的提升。例如,有一些相关实证研究已经表明,支持性的校园环境对大学生学习收获具有很大的正向影响作用(白华,2013;孟倩,许晓东,贾文秀,2022[①])。学校对学术环境的建设是对学生学习的直接关注,比如学校的课程体系、教学制度、评价制度和管理制度建设等,都与学生学习活动的顺利展开具有十分直接的关系。已有相关研究也都表明,学校的教学管理和学生学习环境等系列因素,均对大学生学习具有不同程度的影响(林云,等,

---

① 孟倩,许晓东,贾文秀.院校环境支持对大学生学习收获的影响研究——基于变化评定模型的链式中介[J].华南师范大学学报(社会科学版),2022,(2):132-141.

2010；包志梅，2020^①）。学校对学生人际环境和学生实用环境
的建设，是对支持学生学习外部条件的关注，如生生和师生之
间的关系建设，学生的学习环境和学习氛围建设等。学生校园
人际关系对其学习活动质量的影响是显而易见的，这特别表现
在同伴关系和师生关系中的教师因素上。一般来说，学生在校
园学习和生活中往往存在关系比较好的同伴，同伴关系的好坏
对学生的生活和学习往往会产生十分重要的影响。同时，师生
关系对学生学习的影响最为直接，从学生角度来讲，如果学生
喜欢该课程的任课教师，往往倾向于对这门课程投入更多的时
间和精力，取得较好的学业成就；从教师的角度看，教师对学
生的态度、教师的教学方式、教师的教学能力等因素都对学生
学习具有重要影响。研究发现，教师能否对学生开展个性化指
导，是否能够构建良好的师生关系等因素对学生的学习收获具
有重要影响（A. Paolini，2015），^② 教师采用深层的教学方式，
以及在教学中多采用合作学习策略、注重学生的学习体验、多
开展高阶的认知活动、积极与学生交流互动，往往更能促进学
生的学习（E. T. Pascarella，et al.，2013；P. D. Umbach，et al.，
2005），教师的能力诸如专业知识、教学的清晰性、教学技能、
班级活动和讲义的质量等方面的能力，都对学生的学习具有重
要影响（Choi Sang Long，et al.，2014）。学生的学习环境和学

---

① 包志梅. 高校学习环境的现状及其对本科生能力发展的影响 [J]. 江苏高教，2020，
（3）：15-22.

② A. Paolini. Enhancing teaching effectiveness and student learning outcomes
[J]. The Journal of Effective Teaching, 2015, (15)：20-33.

习氛围对学习活动质量具有重要的影响。众多研究发现，校园良好的学习环境和学习氛围能够促进学生的学习，特别是学校具有丰富可供使用的学习资源更能对学生学习产生积极作用（程世宏，2002；王云海，等，2006；陈霜叶，等，2023[①]）。这也反映了一个生活常识，学校越是拥有丰富的学习资源和良好的学习环境，学生也越倾向于以更高的卷入程度投入到学习活动中去，进而产生较高的学习活动质量。

（二）学生个体因素对学习活动质量的影响

本研究发现，学生客观个体变量中的是否为学生干部、是否继续深造、兴趣爱好类别、生源地、大学期间是否恋爱、年级这6个变量对大学生学习活动质量具有直接影响，且从数据实证分析的结果来看，担任学生干部的学生、有继续深造打算的学生、兴趣爱好为与学校开设课程有关的学生、在大学期间谈恋爱的学生、年级较高的学生，以及城市生源和城镇生源学生的学习活动质量相对较高。担任学生干部的学生学习活动质量较高，可能与其学生干部特定的身份有关，一般来讲，学生干部往往在学生群体的学习活动中扮演着组织者和领导者的角色，且教师一般也更关注学生干部在学习活动中的学习情况，给予其学习上更多的帮助，因此学生干部的学习活动质量较高。周海涛等（2014）的研究也表明，担任学生干部学生的学习策略使用水平要高于没有担任学生干部的学生。有继续深造

---

① 陈霜叶，荣佳妮，郭少阳.如何让学生在学校感到幸福——校长教学领导力作用机制探索 [J].教育研究，2023，44（2）：88-100.

打算的学生学习活动质量较高，可能与学生的学习动机和学习目的有关，有研究发现学习动机和学习活动质量具有十分紧密的关系，特别是学生的内部学习动机与学习活动质量具有正相关关系（刘孝群，等，2005），当学生追求升学的内部学习动机越强时，其往往将更多的时间和精力投入到有效的学习活动中去，其学习活动质量一般也相对较高。兴趣爱好为与学校开设课程有关的学生学习活动质量较高，这与我们的基本常识相一致，众多研究发现学生在学习活动中的参与和努力程度与学生学习活动质量之间具有显著的正相关关系（Kuh，2005；汪雅霜，2015），而一般来说学生对学校的学习活动越感兴趣，其对该学习活动的参与程度也就越高（王云海，等，2006），由此学习活动质量往往也比较高，这也与已有的相关研究结论相一致（刘巧芝，等，2009；孙睿君，等，2012）。城市和城镇生源学生的学习活动质量高于农村生源的学生，这可能与学生从小的学习环境和家庭环境因素有关，研究发现家庭经济收入对学生的学习成绩具有显著影响（孙睿君，等，2012），家庭经济收入较高学生的学习成绩往往也比较高，且早有众多研究表明父母受教育程度与学生学习成绩之间具有正相关关系，而一般意义上讲，无论是在家庭经济收入还是在父母受教育程度上，城市和城镇生源的学生整体上往往具有较大的优势。恋爱对学生学习的影响是教育界广泛讨论的话题之一，而讨论结果却莫衷一是，特别是对于大学生这个特殊群体来讲，在大学期间谈恋爱已经成为一种十分常见的现象。研究发现大学生恋爱有的对学习产生了负面影响，有的则对恋爱双方的学习成绩都产生了积极影响（王俊喆，贾奕喆，2011），① 这主要取决于学生之间恋爱的类型，研究发现相互促进型的恋爱对学生学习具有积极影响（周佳莉，等，2016）。② 本研究发现大学期间有过恋爱经历的学生学习活动质量较高，这是否反映了当前大学生的恋爱类型以相互促进型为主，还有待进一步研究验证，但仅从本研究的访谈结果来看，该研究结果在一定程度上得到了验证。本研究发现年级越高的学生学习活动质量越高，这一结果可能与本研究学习活动质量内涵界定方式和大学生所处特定年级的任务有关。一方面，本研究的学习活动包括了学生在学校所从事的课内外所有的学习活动，高年级学生由于校园人际关系网相对较大，所以参与的各种活动也相对较多；另一方面，高年级学生一般都面临着考证、就业或升学等多种任务，在各方压力的推动下往往将更多时间和精力投入到学习中去，因此其学习活动质量也比较高。

本研究发现，大学生客观个体变量也会通过影响学生感知的校园环境变量对其学习活动质量产生间接影响。本研究的这一研究结果验证了 John Biggs（1993）和 K.Trigwell（1999）③ 的

① 王俊喆，贾奕喆.大学生恋爱和学习关系管理新视角——重视恋爱和学习效能感间的调节变量作用 [J].商业经济，2011，（1）：122-123.

② 周佳莉，邬雯琪，沈盼妮，汪淑俊.大学生恋爱对学习成绩的影响分析——以嘉兴学院为例 [J].人才资源开发，2016，（6）：185-186.

③ M.Prosser, K. Trigwell. Understanding learning and teaching：The experience in higher education [M].McGraw：Hill Education, 1999：83-92.

研究结论。其研究认为，学生的客观个体变量不仅会直接影响学生的学习活动质量，而且会通过学生感知的校园环境变量对学习活动质量产生间接性的影响。这也与我们的常识相符合，从直接影响来看，学生客观存在的个体差异会表现在学习活动质量的差异上；从间接影响来看，拥有差异的个体也会由于其感知到的校园环境的差异而影响其学习活动质量，担任学生干部职务、有继续深造打算、兴趣爱好类别与学校开设的课程有关、生源地为城市或城镇、在大学期间谈过恋爱、高年级的学生，往往其感知的校园环境质量较高，从而使得其对学习活动具有较高的参与度，学习活动质量也就越高。

本研究经深入的访谈分析发现，学生学习的积极性和主动性是影响大学生学习活动质量的重要因素，是学生客观个体变量和感知的校园环境变量影响学习活动质量的潜在重要中介变量。也就是说，学生的客观个体变量和感知的校园环境变量都通过影响学生学习的积极性和主动性，来对学生自身的学习活动质量产生影响。从辩证法的角度来看，内因是事物发展的根本原因，外因要通过内因才能发挥作用，学生学习的积极性和主动性正是其从事学习活动的内因，学生客观个体变量和感知的校园环境变量是其从事学习活动的外因。正是由于学生不同个体之间学习积极性和主动性的差异、不同个体因感受到不同的学习环境后学习积极性的差异，才使得学生个体间的学习活动质量存在差异。学生学习的积极性和主动性首先表现在学习的自我效能感上，当学生学习的积极性和主动性较强时，也往往具有较高的学习自我效能。而众多研究发现，积极适当的自我效能，能够使学生保持积极进取的态度，在学习中具有更高的主动性，能够提高学生的学习活动质量（王云海，等，2006；任春华，桑青松，2006）；学生学习的积极性和主动性突出表现在对学习活动的参与和努力程度上，而本研究也多次引用到很多相关的研究成果，这些研究成果也都表明了学生对学习活动的参与及努力程度与其学习活动质量之间存在着显著的正相关关系。

第二节　大学生学习活动质量的提升路径

本研究在实证分析和质性访谈的基础上，得到了大学生学习活动质量基本状况与影响因素的相关结论，并揭示了不同变量对大学生学习活动的影响机理。针对我国大学生学习活动质量存在的突出问题及影响因素，当前我国的大学教育综合改革应在深化大学生学习活动内涵与外延理解的基础上，聚力提升学生学习积极性和学习参与度，注意营造支持性的校园文化环境和氛围，探索促进学生形成主动参与的学习模式，从根本上推进大学生学习活动质量的提升。

一、深化大学生学习活动内涵与外延的理解

大学生学习活动是大学生在学校教育中获得成长和发展的主要依托，清晰把握大学生学习活动的内涵与外延，是探索大

学生学习活动质量提升路径的基础。本研究认为学生在大学生活中参与的一切为获取知识经验和促进自身发展的学习行为都属于学习活动范畴，并根据相关理论对大学生学习活动进行了分类。本研究对大学生学习活动内涵的界定属于广义范畴，这里的学习活动不仅包括传统意义上教师在课堂上的教学活动，也包括学生在课外自主自发产生的学习行为。深入理解大学生学习活动的内涵，需在把握大学生学习活动内涵的确定性和外延的不确定性的基础上，牢固树立大教育观、大教学观、大学习观。

（一）大学生学习活动内涵的确定性和外延的不确定性

大学生学习活动内涵的确定性，主要是指大学生学习行为发生的确定性。这主要是指大学为促进学生学习而有目的、有计划、有系统地组织的学习活动，具体包括了学校的课程安排和课外有计划的教学安排等，学生在这些学习活动中发生的学习行为是确定的。大学生学习活动概念外延的不确定性，主要表现为学生在课外随时自主自发产生的学习行为，如学生主动去图书馆看书、主动利用信息技术开展学习、积极参加社会实践活动，等等。从现实情况看，尽管学生这些学习行为并没有在学校教学计划的范围之内，但学习行为的确在这些学习活动中产生了，而这些学习行为正反映了大学生学习活动概念外延的不确定性。深入理解大学生学习活动内涵的确定性和外延的不确定性需要注意以下问题。

第一，任何学生的学习都不可能只局限于课堂学习，整个校园，甚至整个社会都是学生有可能发生学习行为的场所。在我国传统的教育体系中，"教师，课堂，教材"的"三中心"论，决定了学校课堂是学生学习最为核心和最重要的场所，在这种教育模式中，学生往往成为被动接受知识的"容器"，学生每天疲于应付上课、完成作业、准备考试等学校事先计划好的各种教学安排，几乎其所有学习行为的发生都是围绕"课堂教学"产生的，学生根本没有多余的时间和精力去从事其他方面的学习（马元方，傅佑全，2009）。[①] 然而，随着当前教育理念的深层次变革，"互联网＋"和网络信息技术与教育融合的不断深入，学生特别是具有较高信息素养的大学生，其作为学习者的角色已经由被动的"知识接受者"转换为主动的"知识追求者"，学习方式也不再是单一在课堂上的"接受学习"，更多的是课外自主自发的主动学习。学生学习发生的场域，早已超出了课堂教学的范围，学生在生活中的任何时间、任何地点都有可能发生学习行为。

第二，任何学生学习行为的发生都不可能只依赖于某种单一的学习方式，而是各种显性学习和隐性学习的综合体。显性学习是个人有目的、有意识地采取一定方式和策略以获得知识技能的学习过程（Ellis，2009），[②] 隐性学习是个体无意识获得有

---

① 马元方，傅佑全.大教育观视野下大学人才培养观念的转变与更新 [J].西南民族大学学报（人文社科版），2009，（9）：274-276.

② Ellis.R.Implicit and explicit knowledge in second language learning, testing and teaching [M]. Clevedon: Multilingual Matters, 2009: 9-12.

关刺激环境中复杂知识的偶发学习过程（Reber，1969）。[①] 相比较于学生的显性学习，隐性学习具有无意识性和学习行为不可见性的特点。在传统的学校教育教学中，学校和教师的各项教学计划往往只注意到了学生可见的显性学习，而相对忽视了学生隐性学习的发生和价值。由此，往往给学生安排了较为沉重的课业负担，使学生没有太多的时间和精力去自主学习，发展其他方面的学习兴趣和个人特长。学校教育特别是大学教育，学生课外学习活动丰富多彩，而课堂学习活动或学校其他有组织的学习活动，往往只是学生在校园学习活动中的一个组成部分。学校和教师应该有足够宽广的视野，将学生的显性学习和隐性学习综合起来考虑，深入理解学生学习方式和学习行为的多样性，给学生留下充分自主发展的余地，以促进学生显性学习为抓手带动其隐性学习的展开。

第三，学生学习行为发生的判断标准并不是单一的，判断大学生学习行为和学习活动产生的标准具有多元性、广泛性。如何使学生学习真正得以发生、学生如何才算真正发生了学习行为？这些相关问题都是教学研究者普遍关注的重点问题，与之相对应的是"有效教学""有效学习""有效活动"等表达。情境学习理论为解答该问题提供了可借鉴的视角，该理论认为学习发生在一定的情境之中，是学生一个合法参与实践共同体

---

① Reber, A. Transfer of syntactic structure in synthetic languages [J]. Journal of Experimental Psychology, 1969, 81（1）: 115–119.

的过程（崔允漷，王中男，2012），①其核心在于学生对学习活动的参与。基于此，本研究也认为至少应该从学习发生的"过程"和"结果"这两个方面来判断。从"过程"的角度看，就是要着重考察大学生在学习活动中的参与程度和努力程度；从"结果"的角度看，就是要重点关注学生在参与了学习活动之后是否产生了学习收获。这种学习收获，不仅是知识和技能上的收获，还包括学生良好的人生态度与积极向上的情感和价值观等的养成。在实践中，当学生在学习活动中的参与和努力程度越高，同时产生的学习收获也越高时，就越能反映其在学习活动中发生了学习行为。也正是由于学生在学习活动中学习参与和努力程度判断的主观性，以及参与学习活动后产生学习收获判断标准的多元性，决定了判断大学生学习行为产生标准的多元性。

（二）树立大教育观、大教学观和大学习观

深入理解大学生学习活动的内涵，学校和教师要在把握大学生学习活动内涵的确定性和外延的不确定性的基础上，牢固树立大教育观、大教学观、大学习观的观念。长期以来，我国大学教育都局限于学校教育、课堂教学和学生显性学习行为的培养上，学校把主要的资金和精力也都放在了推动学校内部教育教学改革，促进学生显性学习行为的发生上，而较少关注到学校内外部系统的综合改革、与学生学习相适应的校园学习资

---

① 崔允漷，王中男.学习如何发生：情境学习理论的诠释 [J]. 教育科学研究，2012，（7）：28-32.

源和文化环境的改革以及学生学习内容和学习方式的变革。由此，大学教育的基本功能往往也只局限于知识的传授和技能的训练，相对忽视了学生情感的发展，以及学生积极向上的世界观、人生观、价值观和荣辱观的培养，最终致使大学很难培养出全面发展的人。只关注学校教育的教育观是"狭隘"的小教育观，只关注"课堂教学"的教学观是"狭隘"的小教学观，只关注"学生显性学习"的学习观是"狭隘"的小学习观。大学生学习活动是丰富多样的，学生学习行为的产生不局限于学校的时间和空间之内，更不局限于课堂教学，学生的学习方式也远远超出了显性学习的范畴。深化对大学生学习活动内涵与外延的理解，需要牢固树立大教育观、大教学观、大学习观。

大教育观是一种适应当前社会生产、经济发展和学生个体学习与发展的现代教育观念，它是一个多样性的、开放性的和综合性的大系统。大教育观具有时间长、空间广、效率高、内容多等特点（马晓东，1989）。[①] 时间长强调的是终身教育的观点，也就是学校教育不能只着眼于某一阶段的教育，而是要将这一教育阶段放在整个终身体系之中，不仅要考虑学生当前需要学习的知识和技能，而且还要考虑为后续终身学习打下坚实的基础。空间广强调的是教育产生场域的问题，大教育观认为教育是一个多样性、开放性和综合性的大系统，学校教育只是这个系统的一个组成部分，这个系统具体包括了学生的自我教

---

① 马晓东.大教育观与教育改革 [J].长白学刊，1989，（3）：66.

育、家庭教育、学校教育和社会教育等，不能将对学生的教育仅界定在学校教育范畴。效率高强调的是教育要着重培养学生的自学能力、思维能力、组织能力和研究能力等，以这些方面能力的养成推动创新人才培养，而不是仅仅关注对学生知识和技能的教育。内容多强调的是教育内容的广泛性，大教育观认为现代教育就是要通过对学生进行自然科学、社会科学和人文科学等多方面的教育，使学生建立科学合理的知识结构和知识体系，培养学生的创新精神和实践能力。大教育观下的大学生学习活动，就是要超越学校教育的时空限制，着力促进学生多样化学习活动的开展，在多样化的学习活动中培养学生创新精神和创新思维，促进学生全面发展。

大教学观是大教育观在学校教学实践中的具体表现，这是一种在时间和空间上都超越了传统教学观的新教学观念。大教学观思想较早地反映在捷克教育家夸美纽斯的《大教学论》中，在该思想产生初期，大教学的"大"就在于它是"一种把一切事物教给一切人们的全部艺术"。① "一切事物"是指教育的内容，把一切事物教给人们就是教育的内容不能仅限于某单一学科，而是要将所有的内容都教给学习者，最终使学生获得真实的知识、道德和虔诚的信仰。在今天来看，尽管该思想不免带有时代的烙印，但其提出对学生进行全面教育的思想具有重要的启发意义。"一切人们"是指教育的对象，教育不能只关注部

---

① 夸美纽斯. 大教学论 [M]. 傅任敢，译. 北京：教育科学出版社，1999：2.

分群体，每个人都有获得教育的权利，教育应该以所有人为教育的对象。这对当前的学校教育来讲，就是要使学校教育面向全体学生，全面推进教育公平，落实因材施教，着力通过教育促进每个学生的全面发展。"全部艺术"是指教育的方法，教育教学方法是将一切事物教给一切人的全部艺术，而不是某种单一的方法。这对当前学校教育的启示是，不能将对学生的教育仅局限于课堂教学，要注重探索多样化的教育教学方法。大教学观下的大学生学习活动，就是要在学习活动的内容上，注意组织和促进学生开展丰富多样的学习活动；在学生学习活动进行的方式上，要注意探索多样化的方式方法，以此促进学生的全面发展。

大学习观是与社会大生产、大经济和大科学，以及学校大教育和大教学相对应的学习观。它超越了传统学习观在时间、空间和形式等上面的限制，具有学习时间的终身性、学习空间的社会性、学习形式的多样性、学习内容的综合性等特征（李方葛，1992）。[①]学习时间的终身性，强调要在终身学习框架下看待学生在学校阶段的学习，学校教育要促进学生自主学习，使学生学会学习，为终身学习打下坚实基础。学习空间的社会性是指学生学习空间不限于课堂和学校的范围之内，整个社会都是学生学习场所。学习形式的多样性，强调的是学生学习应该探索多种多样的学习形式，以适应终身学习和社会学习的需

---

① 李方葛. 论大学习观 [J]. 黑龙江高教研究，1992，（2）：110-113.

要。学习内容的综合性，强调的是学生学习内容的广度和宽度，不能仅学习某单一学科知识，而是要全面学习各方面的知识，以适应现代社会生产生活的需要。大学习观下的大学生学习活动，要求学校教育要有长远眼光，要有整合学校教育和社会教育的意识，在学习活动中给予学生自主学习和探索的自由，组织和帮助学生开展内容和形式多样的学习活动，使学生在学习活动中学会学习，形成终身学习的观念和习惯。

综合来看，大教育观、大教学观、大学习观下的大学生学习活动具有如下特征：一是学习活动发生时间的随时性。大学生学习不仅仅发生在学校有计划、有组织的教学活动之中，学生在日常生活中随时都有可能自主地发生学习行为。二是学习活动发生空间的社会性。大学生学习活动的发生不局限于课堂和校园范畴，学生在社会生活中也有可能产生学习活动。三是学习活动内容的多元性。大学生学习活动不局限于某种单一的学习活动类型，而是包括了丰富多样的学习活动类型。四是学习活动方式的多样性。大学生学习活动的进行方式十分多样，可能是可见的显性学习行为，也可能是不可见的隐性学习行为。

二、聚力提升学生学习积极性和学习参与度

本研究认为，大学生在学习活动中的参与和努力程度是大学生学习活动质量的核心表征因素，而在实证分析基础上进一步借助质性访谈发现，大学生学习积极性和主动性又是影响学生学习活动参与和努力程度的根本因素。因此，聚力提升大学

生学习积极性和主动性，就成为提高大学生学习活动质量的关键一环。结合本研究的数据分析与讨论，以及受访者的访谈信息可知，学生的学习动机、学习兴趣、自我效能感是影响其学习积极性和主动性的重要因素。所以，帮助学生养成积极的学习动机、培养学生广泛的学习兴趣、增强学生的学习自我效能感，是助力提升大学生学习积极性和主动性的重要举措。

（一）帮助学生养成积极的学习动机

动机是促使个体发生某种行为的动力或动因，学习动机是促进学生产生学习行为的内在动力。大学生处于学习和认知快速发展的阶段，其学习动机水平也因个体差异表现出了较大的差异。提高学生学习的积极性和主动性，最关键的是要帮助学生养成积极正确的学习动机。本研究在实证研究中发现，有继续深造打算的学生学习活动质量相对较高。有很多相关研究也表明，学生学习动机与其学业成就之间具有显著的正相关关系，学习动机水平较高的学生更倾向于取得较好的学业成就（王振宏，刘萍，2002）。[①] 而关于学习动机的研究，美国著名教育心理学家 D. P. Ausubel 将学习者的成就动机分为认知驱力、自我提高的内驱力和附属内驱力，并指出认知驱力是最为重要和最稳定的成就动机。相关研究进一步发现，当学生个体在全力以赴地完成某一学习目标时，就会表现出先天性的学习动机（C.

---

① 王振宏，刘萍. 动机因素、学习策略、智力水平对学生学业成就的影响 [J]. 心理学报，2002，(1)：65-69.

M. Alexander, et al., 1994 ），①且出于追求知识本身和实现远大理想而激发的学习动机是最强烈和持久的（孙亮，2003）。② 而有众多的调查也表明，当前大学生的学习动机以追求理想的职业（盛瑶环，等，2006）③、将来在事业上有所成就（石秀杰，等，2000）④和报答父母养育之恩（吴振良，等，2006）⑤等外在的学习动机为主，不利于大学生学习积极性和主动性的提高。因此，要想帮助大学生养成积极正确的学习动机，首先要引导学生养成追求知识与真理的内在学习动机。尽管学生的学习动机十分复杂，大学生作为即将步入社会的群体，难免具有职业动机等其他方面的学习动机，但要帮助学生厘清这些学习动机之间的关系。只有学生自身在学校教育中系统学习了全面的知识、获得了全面发展，才能在其他方面更好地有所作为。所以，在学生所有的学习动机中，追求知识与真理的动机应该成为其学习动机的核心。其次要培养学生的学习兴趣，只有学生对学习本身具有浓厚的兴趣，才有可能形成较为稳定的、以追求知识为核心的内部学习动机。最后还要采取各种措施，不断强化

---

① Carr M. Alexander, J. Folds-Bennett T. Met cognition and mathematics strategy use [J].Applied Cognitive Psychology, 1994, (6): 583-595.

② 孙亮.提高大学生学习主动性的几点建议 [J].教育与现代化, 2003, (3): 41-44.

③ 盛瑶环，曾祥福，李启华.大学生学习动机的调查分析及培养 [J].教育与职业, 2006, (20): 101-103.

④ 石秀杰，王玉恒，于冬梅.大学生学习动机调查分析 [J].唐山师专学报, 2000, 22 (4): 65-67.

⑤ 吴振良，苏兴，陈智明，石阳，何进平.大学生学习动机和态度调查 [J].中国地质教育, 2006, (2): 109-111.

学生的学习动机。学习动机特别是以追求知识和真理为核心的内部学习动机的形成与维持，需要较长一段时间才能内化成为学生自身长久的学习动机。教师应通过组织学习竞赛活动，以及其他激励措施，逐渐使学生养成积极的学习动机。

（二）培养学生广泛的学习兴趣

积极的学习动机是保障学生学习积极性和主动性的重要条件，而学习兴趣不但影响着学生的学习动机，而且对学生学习积极性和主动性具有重要的直接影响。在我国传统教育中，早就有"知之者不如好之者，好之者不如乐之者""兴趣是最好的老师"之说。本研究在实证分析中也发现，当学生的兴趣爱好与学校开设的课程相关时，其学习活动质量往往也比较高。当学生对某项学习活动具有浓厚的兴趣时，其往往会以更大的积极性和主动性投入到学习活动过程中去，从而取得更好的学业成就。要提高学生学习积极性和主动性，培养学生广泛的学习兴趣，特别是与学校开设课程有关的兴趣，是十分关键的一环。第一，培养学生学习兴趣需要深入了解每一位学生，从学生已有的兴趣爱好出发，培育学生与学校课程相关的兴趣。当学生本身就具有较为浓厚的学习兴趣时，教师应进一步强化这种学习兴趣，并使其从对某单一学科的兴趣向对广泛知识学习的兴趣转换；当学生缺乏学习兴趣时，教师应该帮助学生从其他方面的兴趣中迁移过来，发展学生的优势和特长。第二，培养学生学习兴趣需要教师用丰富的教学内容吸引学生。学生对某门课程是否感兴趣，往往取决于该门课程本身的内容是否吸引人

（秦平，2001）。[①] 教师一方面应使教学内容丰富多样，在保证教学核心知识传授的基础上，能够结合相关问题研究的国际进展，为学生展示最为新颖和前沿的知识体系；另一方面应能够将教学内容和学生生活实践结合起来，不仅要让学生学到核心理论知识，也要使学生能够关注实践，具有将理论应用于实践的实际能力。第三，培养学生学习兴趣需要教师探索多样化的教育教学方法。教学方法的运用决定了课堂教学的氛围和效果，一般来说轻松愉快的学习氛围既有利于学生学习和思考，也有利于学生创造力的培养（李庆丰，胡万山，2016），[②] 教师应在深入研究教学内容和学生特点的基础上，选择最合适的教学方法，注重激发学生学习兴趣，吸引学生参与到学习活动中来。当然了，在教育教学活动中注意与学生建立亲密的师生关系，对提高学生学习兴趣和积极性也十分重要。学校教育教学活动，本质上是师生和生生之间的交往活动，师生之间的人际关系必然会影响到学生对学习的兴趣。一般来说，当师生在某项学习活动中能够保持和谐的师生关系，学生往往也会对该学习活动产生浓厚的兴趣。因此，教师在通过改革教学内容和教学方法吸引学生的同时，也要注意用感情激发学生的学习兴趣。

（三）增强学生学习的自我效能感

具有积极的学习动机和浓厚的学习兴趣，是大学生形成较

[①] 秦平.培养兴趣 激发学习心理学的积极性[J].教育探索，2001，（5）：22.

[②] 李庆丰，胡万山.工科院校大学生创造性思维发展研究——基于对 J 工科大学的调查分析[J].复旦教育论坛，2016，14（3）：77-86.

强学习积极性和主动性，并以较高自我卷入程度参与到学习活动之中的基础。然而，当学生学习的自我效能感较差时，往往也会影响到自身学习的积极性和主动性。学生学习的自我效能感是学生预先对自身取得良好学业成就能力的自我评估。B. J. Zimmerman（1985）研究发现，学生的自我效能信念对其学业情景的改变、自律学习过程的相互作用和学业成绩的提升都是非常重要的。[1] 黄秀绢（2005）研究发现，学生的学业自我效能感不但会影响其对学习任务的选择，而且会影响其在学习活动中的努力程度和对待学习任务的态度。[2] 周东滨（2008）的研究也发现，大学生的学习自我效能对其学习行为特别是在学习活动中的努力程度和对学习经验的总结，以及最终学习成绩都具有十分重要的影响。[3] 本研究在质性访谈中也发现，当学生认为自己可能在某项学习活动中不能取得较高的学业成就时，其往往对该学习活动没有太多的兴趣，也对该学习活动表现出了较低的参与度。而一般来说，当学生拥有较强的学习自我效能感的时候，其往往对参与学习活动具有更高的积极性和主动性，也更倾向于取得更高的学习活动质量。要提高学生学习的自我效能感，教师在日常的教育教学活动中，应特别注意对学生进行正面的积极评价、引导学生进行积极的归因、帮助学生

---

① B. J. Zimmerman, A social cognitive view of self-regulated learning [J]. Journal of Educational Psychology, 1985,（2）：329-339.

② 黄秀绢 . 增强自我效能感 提高学习主动性 [J]. 教育评论，2005,（5）：108-110.

③ 周东滨 . 论大学生自我学习效能感及其培养策略 [J]. 教育探索，2008,（5）：122-123.

取得成功，不断增强学生学习的自我效能感。首先，对学生进行积极正面的评价是增强学生学习自我效能感的重要方法。教师应树立正确的学生观，多关注学生的优势和长处，在课堂教学和学习活动中不失时机地表扬和鼓励学生，以积极的正面教育引导学生的全面发展，让学生意识到自己的长处与优势，以此提高自己对学习的自信心。研究也发现，好的心情可以增强个体的效能信念，进而提高学习动机和学习成绩（班杜拉，2003），[①] 所以对学生积极正面的评价能够提高其学习的自我效能感。其次，人们在学习生活中总在为自己的行为探求合理的解释，行为成败的归因必然对个体的情绪、期待和后续的行为产生十分重要的影响（程慧君，邹敏，2008）。[②] 班杜拉（2003）的研究发现，如果个体将自己的成功归结于个人努力，那么他就更倾向于承担困难的任务，且在困难中可以坚持不懈，如果将成绩归因于情境因素，则会表现出较低的努力程度，并在遇到困难时很容易放弃。[③] 所以引导学生进行正确的归因十分重要。最后，学习上的成功是最能增强学生自我效能感的方法。相关研究认为，通过学生亲身经历而获得的成败经验，是最具

---

① [美]A·班杜拉.自我效能：控制的实施[M].上海：华东师范大学出版社，2003：162.

② 程慧君，邹敏.大学生自我效能感的特点及其培养[J].中南林业科技大学学报（社会科学版），2008，（4）：133-135.

③ [美]A·班杜拉.自我效能：控制的实施[M].上海：华东师范大学出版社，2003：175.

影响力的效能信息（金霞，2009）。①教师应在明确把握学生已有知识经验的基础上，为学生建立合适的教学目标，通过对学习目标的分解，使学生一步步实现教学目标，持续获得学习成功的体验。

总的来说，学习积极性和主动性是影响大学生学习活动质量十分重要的因素。而影响大学生学习积极性和主动性的因素却十分复杂，其中学生主观个体因素发挥着十分关键的作用，特别是学生自身的学习动机、学习兴趣、学习自我效能感，学校教育，特别是教师的教学活动，应采取各种措施培养学生积极正面的学习动机、广泛的学习兴趣、积极的学习自我效能感，才能有效提高学生参与学习的积极性和主动性，从而以更高的学习参与和努力程度投入到学习活动中去。

三、注意营造支持性的校园文化环境和氛围

人生活的过程就是不断与环境互动的过程，学生作为一个社会人，其必然生活在一定的社会环境和社会关系之中，这些环境和关系也必然会对其学习活动产生十分重要的影响。特别是学生的学习和生活主要发生在校园环境之内，具有弥散性和渗透性的校园文化环境和氛围，对大学生学习活动质量的影响更具潜在性和长久性。本研究发现，学生感知的校园环境因素，包括学生感知的学校对实用环境的重视度、对学术环境的重视

---

① 金霞. 高职大学生自我效能感的特点及培养 [J]. 教书育人（高教论坛），2009，（30）：98-99.

度和对人际环境的重视度，都对大学生学习活动质量具有重要影响。所以，大学应在支持性校园文化环境和氛围建设中，重点加强学校硬件资源建设、学校教育制度建设、学生良好人际关系建设。

（一）加强学校学习资源建设，提供校园文化环境的载体

硬件环境是软件环境的载体，良好的校园文化环境和文化氛围必定依赖于良好的校园物质资源环境。本研究发现，学生感知的学校对实用环境的重视度对其学习活动质量具有重要影响。这也就是说，校园物质资源环境建设对提高大学生学习活动质量具有十分重要的意义。一般来说，当学校学习资源越能满足学生的学习需求时，往往对学生的学习越有利。大学的校园学习资源建设，应该在满足基本教学需求的基础上，通过深入调研学生的客观学习需求，根据学生的看法及其学习需要，改善原有学习资源的不足，并力所能及地为学生学习提供良好的资源条件。根据本研究的结论可知，大学生学习活动质量在校园设备相关的学习活动中的质量较高（基于参与和努力的质量排名第四，基于产生学习收获的质量排名第二），这说明整体上我国大学的校园设备条件比较优越，这也表现在学生在利用计算机及信息技术相关的学习活动中的学习质量较高上。面对当前经济社会发展对学校教育提出的各种要求，以及学生不断增长的学习需求，大学教育综合改革应进一步加强学校硬件资源环境建设，为学生学习提供良好的环境和条件。在硬件资源环境建设中，特别值得一提的是学校图书馆建设。图

书馆是大学知识和文化的核心，是校园文化建设的核心组成部分，在新媒体时代信息网络技术高度发展的今天，图书馆甚至成为大学的重要名片（薛平军，万鑫，2012）。[1] 而大学生在学习时利用图书馆的途径上，有研究发现绝大多数学生选择图书馆订购的数据库或者通过互联网渠道查阅文献，仅有少数人去图书馆查询纸质文献（李冰，红英，2013）。[2] 本研究在质性访谈中也发现，学生之所以在利用图书馆相关的学习活动中的质量较低，也是由于其往往通过对电子文献的查询来获取所需资料。所以，随着信息网络技术的不断发展和学生学习方式的转换，大学图书馆转型也已经成为必然的趋势。当前，大学的图书馆建设应该统一规划，在建立本校数字化图书馆系统的基础上，联合开发专业的数据库搜索引擎，加强与其他院校图书馆的文献互助检索服务，不断提升学校图书馆的网络信息服务能力。

（二）强化学校教育制度建设，提升校园文化环境的品位

在校园文化软环境建设中，制度建设发挥着至关重要的作用，学校教育制度甚至对校园文化环境的导向和发展具有决定性作用。本研究也发现，学生感知的学校对学术环境的重视对学习活动质量具有重要影响，而学校的教育教学制度正反映的是学校对学术环境的重视度。制度是人为设定的一系列能

① 薛平军，万鑫. 图书馆：新媒体时代大学的重要名片 [J]. 学习月刊，2012，（14）：108-109.
② 李冰，红英. 高校图书馆电子资源使用情况调查及统计分析——内蒙古科技大学图书馆为例 [J]. 农业图书情报学刊，2013，15（1）：138-140.

› 214

够约束和规范人们的相互行为，同时也能帮助人们形成对别人行动的预期的行为规则（许宝健，2008），[①] 社会学家 Fligstein（1997）指出，制度是人行为的规范和共享的意义，它框定了人们阐释行为和探寻意义的范围和方向。[②] 之所以要谈制度，就是因为制度能够使思想观念具体化、明确化，从而将实践置于一定的思想观念之下，保证实践沿着特定思想观念的方向发展。而且制度的重要性就在于它可以提供正确的激励，使人们能够最大限度地发挥创新能力，追求更大的工作效益（艾磊，2014）。[③] 大学要营造支持性的校园文化环境和文化氛围，除应加强对文化环境所依赖的校园物质资源环境的建设之外，还应加强相应的制度建设，将建设支持性的校园文化环境作为一项制度确立下来。大学内部制度建设包括组织制度、管理制度、人事制度、学科制度、教学制度等的系统建设（周学锋，2011），[④] 而其中对于学生学习最为关键和有直接影响的制度是学生事务管理制度和教学制度。构建学生学习支持性的学校教育制度，要求大学在学生事务管理制度和教学制度上做出重大调整，以学生事务管理制度和教学制度的改革带动整个学校教育制度的改革，最终形成以学生学习为中心的制度环境。构建

---

① 许宝健 . 制度建设为什么重要？[N]. 中国县域经济报，2008-10-27.

② 汪丁丁 . 制度分析基础讲义：自然与制度 [M]. 上海：上海人民出版社，2005：86-88.

③ 艾磊 . 制度为什么重要 [N]. 北京日报，2014-12-01.

④ 周学锋 . 高校内部制度及其体系建设规范化策略 [J]. 安徽理工大学学报（社会科学版），2011，13（4）：60-62.

以学生学习为中心的学生事务管理制度，要求大学变"管理理念"为"服务理念"，建立一切服务于学生学习的学生服务制度。大学和教师应树立以学生学习为中心的基本理念，促使学生事务由管理为主向服务为主转变，在学生事务中体现人文关怀，尊重学生、服务学生、关心学生、培养学生，将一切服务于学生的学习作为学生事务管理的一项核心制度确定下来。构建以学生学习为中心的教学制度，要求大学的关注点由科研转向教学、由教师的"教"转向学生的"学"。大学应将更多精力放在提高教师"教"和学生"学"的质量上来，通过制定明确的教师教学制度和学生学习服务制度，来保障学生学习在学校教育工作中的核心地位。本研究在调查和访谈中发现，大学生在与生师交往经验有关的学习活动中的质量较低，其原因是学生并没有太多与教师交流的机会，这在很大程度上与教师没有树立以学生学习为中心的思想意识有关，要进一步提高学生学习活动质量，这些问题都有待破解。

（三）促进学生人际关系建设，深化校园文化环境的感知

学生校园人际关系对其感知的校园环境好坏具有重要影响。本研究也发现，学生感知的学校对人际环境的重视度对学习活动质量具有正向影响，当学校越重视学生人际关系建设时，学生往往对校园学习环境的感知也越好，也更倾向于以更高的学习参与度投入到学习活动中去，取得更好的学业成就。学生校园人际关系十分复杂，其中最为重要和核心的是师生关系和同学关系。而本研究实证分析发现，大学生在生师相处经验和同

学交往相关的学习活动中的学习质量较低，这说明了我国大学生的师生关系和同学关系亟待改善。在大学师生关系上，研究发现绝大多数大学生对自己的师生关系满意度一般（邹强，罗木珍，2007），[①]认为大学课堂教学缺乏互动，课堂气氛枯燥乏味，课外时间与教师的交往更少，课后基本没有什么联系（唐清云，余国瑞，2003）。[②]要促进大学师生之间和谐人际关系的构建，首先，学校应加强制度和环境建设，特别应注意为师生良好人际关系的构建创设有利的环境。学生和教师都主要生活在校园的制度框架之内，学校文化制度会对师生关系产生重要的隐性影响，当整个学校都树立了育人为本、以学生为中心的服务理念，必然有利于和谐师生关系的形成。其次，教师在良好师生关系的形成中占据着主导地位，教师应充分发挥自己的优势引导和谐师生关系的形成。一方面，教师应不断加强自己的内在修养，提升自己的人格魅力。实践证明，当教师具有较高的人格魅力时，学生往往会更加积极地与教师交流，更倾向于给教师更高的评价，也有利于良好师生关系的形成。另一方面，教师应树立正确的学生观。学生是独立的人、发展着的人、具有主观能动性的人，教师应在与学生交往中始终坚持民主平等的原则，与学生开展平等对话。在大学生同学关系上，较早的调查研究发现，绝大多数学生都认为同学关系十分重要（袁

① 邹强，罗木珍. 对当前大学生关系现状的调查与思考 [J]. 高等教育研究学报，2007，30（1）：97-100.
② 唐清云，余国瑞. 对大学师生关系的调查分析 [J]. 统计与决策，2003，（7）：49-50.

庆濮，等，1995），[①]特别是其在大学期间的同伴关系，同伴关系对于大学生顺利适应社会、处理各种人际关系起到至关重要的作用（张文新，1999）。[②]大学应积极推行本科生导师制，以导师制辅助班级制，使教师可以有针对性地帮助到每一个学生，指导和帮助学生处理好各种日常的人际关系，帮助学生之间形成亲密的伙伴关系。

支持性的校园文化环境和文化氛围，是影响大学生学习活动质量十分重要的外部环境因素。然而，校园文化环境建设是一个十分复杂的系统性工程，并不能一蹴而就。建设支持性的校园文化环境，需要大学在加强学校硬件教育资源建设的同时，强化软性的制度文化建设和学生良好的人际关系建设。

四、探索促进学生养成主动参与的学习模式

探索和促进大学生养成主动参与的学习模式，是从根本上提升大学生学习活动质量的必然选择。本研究发现，学生的主动参与是影响学习活动质量的核心要素。然而，在教育实践中，学生被动的学业参与并不利于学习活动质量的提升，学生主动参与的学习模式才对提高学习活动质量具有长久的积极意义。学习模式是学习的一般方式方法等的总系统，学生主动参与的学习模式往往能使其达到和保持最佳的学习状态。大

---

① 袁庆濮，周武君，张建伟，马华山.大学生人际关系问卷调查与分析 [J].河南大学学报（社会科学版），1995，35（6）：71-75.

② 张文新.儿童社会性发展 [M].北京：北京师范大学出版社，1999：133.

学生学习模式主要是基于外在的培养目标和学生自觉，学生确立自己的学习目标，并在学校培养中发挥自己的能动性，通过主动参与各种学习活动实现学习目标的过程（杨院，2014）。[①]由此可知，培养大学生主动参与的学习模式，既需帮助学生树立清晰的学习目标、为学生提供自由发展的学习条件，也需充分利用丰富多样的学习活动来培养学生自主参与的学习素养。

（一）基于人才需求，帮助学生树立清晰的学习目标

帮助学生树立清晰的学习目标，是促使学生形成主动参与的学习模式的基本前提。一般来说，学习目标对学生具有导向性和激励性，当学生具有明确的学习目标时，往往能够以更强的自主性参与到学习活动中去。当前，随着信息时代和知识经济时代的深入发展，社会对大学生的素质需求也发生了很大变化。尽管相关研究中社会对大学生素质要求的具体表述不一，但整体上呈现出如下几个方面共同的素质要求：有较强的法治道德观念和社会责任感、有结构完善的知识基础和深厚扎实的专业知识、有较强的创新能力和创造性思维、有健康的心理素养和较强的心理素质、有团队合作的精神和踏实认真的作风、有较强的社会适应能力和持续深入的学习能力等（奚玲，

---

① 杨院.大学生学习方式实证研究：基于学习观与课堂学习环境的探讨 [M].北京：教育科学出版社，2014：257.

1999；① 钟一彪，2006②）。帮助学生树立正确、清晰的学习目标，学校和教师应在深入研究学生发展需要和社会学生素质需求的基础上，综合考虑学生需要在学校教育中获得的能力与素质。在学生学习目标中，学校应帮助学生重点树立以下几方面的学习观念与意识。首先，引导学生树立牢固的法治和道德观念。学校应坚持把立德树人放在学校教育的中心位置，让学生知德、明德、守德，知法、懂法、守法，使其在学校生活和学习中，能够不断学习道德和法律知识，积极践行我国的传统美德和良好社会公德，展现大学生良好品德风貌。其次，促进学生树立广阔基础知识和宽厚专业知识的学习意识。在知识经济时代，大学生要更好地适应社会生活和职业要求，不仅需要有广泛的基础知识，而且需要有扎实的专业知识，有自己的特长和优势。教师应帮助学生树立正确的知识学习目标，在深化本专业基础知识学习的同时，广泛涉猎各领域的相关知识，为毕业后的职业和社会生活打下坚实知识基础。再次，促使学生意识到锻炼创新能力和创新意识的重要性。当前，社会各行各业需要的人才，都是具有创新意识、创新能力和创新精神的创造性人才，学生在学习知识和参与社会实践中，需要利用好各种机会锻炼自己的创新能力，使自己成为社会所急需的高层次创造性人才。最后，帮助学生树立终身学习的意识，使学生学会

---

① 吴玲．21 世纪我国社会对人才素质的要求 [J].辽宁师范大学学报（社科版），1999，（5）：23-26.

② 钟一彪．大学生就业素质与就业能力培养研究 [J].中国青年研究，2006，（12）：75-77.

学习。知识经济时代对大学生终身学习的要求越来越突出，大学学习的结束代表着社会学习的开始，大学生应在大学教育阶段掌握科学的学习方法，为终身学习奠定坚实基础。

（二）基于校园资源，提供学生自由发展的学习条件

提供能够满足学生自由发展的学习资源，是促使学生形成主动参与的学习模式的保障条件。这就需要大学在注意营造支持性校园文化环境和氛围的基础上，更加关注学生的自由发展，以支持性的校园环境提升学生参与学习的积极性和主动性。第一，利用已有的教育资源，尽可能地为学生的自由发展提供有利条件。利用已有的教育资源为学生自由发展提供便利条件，应注意教育资源的使用率和学生使用资源的便捷性问题。大学教育资源的使用率低，一定程度上造成了资源浪费，也不利于学生的自由发展。较早的研究发现，我国部分大学教育资源的使用效率较低（辛冬云，2001）。[①] 大学生对学校教育资源的使用率低，其中一个重要原因就是很多校园资源的"壁垒性"，大学目前除了基本的公共资源可供全校学生使用之外，很多教育资源都划归某院系，甚至某课题组所有，除"所有者自己人"可以自由使用外，其他学生很难有机会使用到这些教育资源。另外，在教育资源使用上，也要考虑学生使用的便捷性。当学生想使用学校部分教育资源时，有时往往因为有太多麻烦的程序和手续而放弃了使用，关于教育资源的管理制度还有待进一

[①] 辛冬云. 北京市部分普通高等学校教育资源使用效率比较研究 [J]. 中国地质教育 2001，（1）：11–22.

步优化。第二，加强软性教育资源建设，提升学校教育资源的整体服务能力。软性教育资源是大学生学习资源的重要组成部分，包括校园的文化环境、学习氛围和学校服务能力等方面。事实上，当学校具有较强的软性教育资源服务能力时，学生往往会更加积极主动地使用教育资源。学校也应致力于构建民主和谐的校园文化氛围，以及追求个性自由发展的校园精神状态，不断增强对学生自由发展的服务能力。第三，进一步优化教育资源组合，为学生提供新的教育资源增长点，特别是给予学生及时的指导。当前，我国许多大学内部教育资源配置的整体规划不足，特别是相对忽视了人力资源的开发与使用（李秀娟，2004）。[①] 大学要为学生自由发展提供更好的学习条件，需按照学科建设的实际需要对学校教育资源进行统一规划与配置，进一步改善教育资源管理体制，尽可能地为学生开放各种教育资源。另外，还应充分发挥教师作为教育资源存在的重要价值，通过建立相应的制度，促使教师能够积极主动地帮助和指导学生自由发展。

（三）基于学习活动，培养学生主动参与的学习素养

培养学生主动参与的学习素养，是促使学生形成主动参与的学习模式的根本保障。学习素养是大学生在长期学习过程中形成的学习习惯与学习气质（刘智运，刘永红，2014）。[②] 大学

---

① 李秀娟.高等学校内部资源配置与使用的效率与公平 [J].高教探索，2004，（1）：42-43.

② 刘智运，刘永红.大学生学习素养 [M].北京：清华大学出版社，2014：12.

生学习素养中最为核心的是自主学习的素养，大学生应充分发挥自身学习的自主性，在把握学习特点的基础上，科学制定学习计划，并采用合适的学习策略，最后学会对学习进行自我评价和反思。如此"把握特点—制订计划—执行落实—评价反思"，形成良性循环的自主参与式学习模式。鉴于此，教师应注重大学生自主参与学习素养的培育，特别是对其中核心技能的培育。第一，培养大学生总结学习规律的素养，教师需帮助学生在学习科学理论的指导下，一方面要有意识地总结所学知识的特点，能够科学准确地理解和把握到所学知识的核心观点和体系，不断丰富自己的理论知识；另一方面，要深入研究自身学习的特点，结合不同类别知识内容所采用的不同学习方法和策略，不断总结学习技巧、积累学习经验，进而把握学习的规律。第二，培养大学生制订科学学习计划的素养，应着重使学生在深入了解自身学习特点的基础上，培养学生系统性思维。大学生在制订学习计划时，特别应考虑自己的学习习惯和时间安排，综合考虑各种有可能影响其学习计划执行的因素，科学合理地制订学习计划，尽可能地使学习计划具有可操作性和实用性。第三，培养大学生学习计划执行和落实的素养，是培养学生自主参与的学习素养中最为关键的一环。在实践中，最关键的是对学生自律精神和采取合适学习策略素质的培养。其中，学生自律精神的养成需在其学习生活中不断得到强化，教师可通过表扬、奖励等有效措施不断强化学生的自律精神。培育学生科学采取学习策略的素养，教师需在对学习策略相关知识系统传授的基础上，帮助学生总结不同学习策略的优缺点及其适用条件，从而使其能够科学地选择合适的学习策略。第四，对学习自我评价和反思素养的培养，是促进大学生自主参与学习素养形成的重要环节，它承载着对上一轮学习活动过程的总结与反思，又对下一轮学习活动的有效开展提供着经验和借鉴。培养学生自我评价和反思素养，教师需在各种大学生学习活动开展之后，帮助学生总结在学习活动中的成功经验和失败教训，强化学生对学习特点和规律的认识。

　　总之，促进大学生形成主动参与的学习模式，是持续提高大学生学习活动质量的根本所在。大学在学校教育中，应在帮助学生树立清晰学习目标的基础上，基于已有教育资源尽可能提供给学生自由发展的学习条件，最重要的是基于学校多样化的学习活动，注重学生自主参与的学习素养的塑造与培育。

研究总结与展望

　　大学生是大学教育的主体，促进大学生学习和发展是大学一切工作的出发点和归宿。党的十八大以来，党和政府始终把教育作为国之大计、党之大计，坚持将建设教育强国作为社会主义强国建设的引擎，促使各级各类教育以立德树人为根本任务，以为党育人、为国育才为根本目标，全面推进教育强国建设。关注大学生学习过程、聚焦大学生学习活动质量，是全面落实立德树人根本任务、促进大学生成长成才的关键所在。大学生学习活动质量决定着学校人才培养质量，提升大学生学习活动质量对于促进高等教育高质量发展具有重要意义。

　　本研究以大学生学习活动质量为研究对象，在梳理和界定"大学生学习活动质量"本质内涵的基础上，以研究目标和内容为逻辑起点，对国内外与大学生学习活动质量调查研究和影响因素研究的相关研究成果进行了综述，找到了本研究的切入点；在明确本研究切入点和突破口的基础上，借助"学生参与度理论"和"3P理论模型"，构建了本研究的理论分析框架，并进一步在理论的指导下，明确了本研究的研究内容和技术路线；借助实证调研和访谈分析，把握了大学生学习活动质量的基本状况，并从学生客观个体变量和感知的校园环境变量两个角度，分析了大学生学习活动质量的影响因素。最终，得到了以下主要结论：

关于大学生学习活动质量状况的研究结论有：（1）大学生学习活动质量总体处于中等水平且个体差异较大，大学生学习活动质量在不同学习活动类型上也有所差异。整体上看，其在课程学习、利用计算机及信息技术相关的学习活动中的质量较高，在利用图书馆、生师相处经验相关的学习活动中的质量较低。（2）大学生学习活动质量在年级、生源地、是否是独生子女、父母亲最高学历维度上具有显著差异，在性别上无显著差异。在各变量内部，大四年级、城市生源、是独生子女、父母整体学历较高的学生，其学习活动质量也相对较高。

关于大学生学习活动质量影响因素的研究结论有：（1）学生客观个体变量中的是否为学生干部、是否继续深造、兴趣爱好类别、生源地、大学期间是否恋爱、年级这6个子变量，以及感知的校园环境变量中的学生感知的学校对学术环境的重视度、对人际环境的重视和对实用环境的重视度3个子变量，都对学习活动质量具有直接影响，整体上感知的校园环境变量的影响更大。（2）在客观个体变量上，学生的兴趣爱好类别和是否继续深造对学习活动质量的影响最大；在感知的校园环境变量上，学生感知的对学术环境的重视度影响力最大。（3）学生客观个体变量的各子变量都会通过感知的校园环境变量的不同子变量对学习活动质量产生间接影响。（4）学生学习的积极性和主动性是影响其学习活动质量的重要因素。

进一步提高大学生学习活动质量，大学的教育综合改革需在深化理解大学生学习活动内涵与外延的基础上，聚力提升学生学习积极性和学习参与度、注意营造支持性的校园文化环境和氛围、探索促进学生养成主动参与的学习模式，从根本上提升大学生学习活动质量和学校人才培养质量。

回顾整个研究过程，研究也存在一些不足，主要表现在以下几方面：（1）在研究对象上，虽然北京地区大学层次分明、类型多样，通过对北京地区大学生的科学抽样调查和实证分析，能够在一定程度上反映全国大学生学习活动质量的整体情况，但本研究毕竟不是在全国范围内的抽样调查，所以数据分析结果可能难以完全真实地反映我国大学生学习活动质量的具体状况。（2）在研究方法上，本研究混合使用了问卷调查法和定性访谈法。问卷调查法使用的问卷为"中国大学生就读经验问卷"，由于问卷本身题量比较大，可能使得被调查者在填写问卷过程中的准确性一定程度上受到影响，而且由于调查对象十分庞大，样本抽取的方法或许还可进一步优化；定性访谈法，由于该研究方法本身的局限性，可能无法通过访谈了解大学生学习活动质量在每个变量上的详细差异，只能为数据分析的主要结果提供一些访谈证据，而不能提供过于详细的结论证据。（3）在研究内容上，大学生学习活动质量影响因素是一个十分复杂的系统，会受到很多因素的影响，学生客观个体变量和感知的校园环境变量也只是其中的两个主要影响因素，本研究并没有深层揭示大学生学习活动质量的所有影响因素。也正因为大学生学习活动质量影响因素的复杂性，所以在实证研究中，被试也不可能完全排除其他因素对其学习活动质量影响的交互作用，这对大学生学习活动质量影响因素研究的准确性可能产生了一定程度的负面影响。幸运的是，本研究以把握大学生学习活动质量整体状况为主要目标，且样本量比较大，又借助了定性访谈的论证，这些不足一定程度上也都得到了弥补。

总体看来，大学生学习活动质量影响因素十分复杂，学生客观个体变量和感知的校园环境变量也只是其中的一部分，还有很多其他的影响因素有待进一步研究和探索。今后关于大学生学习活动质量的研究，可以在使用其他研究工具的基础上，更加注重对全国大学生学习活动质量的系统把握；在注重本研究影响大学生学习活动质量因素的同时，更加关注其他影响因素，真正把握我国大学生学习活动质量的基本状况及影响因素，为改善我国大学生整体的学习活动质量、提高我国高等教育整体的质量，提出更多有针对性和可操作性的教育建议。

附　录

附录 A: 中国大学生就读经验问卷（提纲）

亲爱的同学:

感谢你在紧张的学习中参与本项调查。

为了解大学生在大学阶段的就读经验,以便有针对性地改进高校教育教学工作,为大学生的学习与发展创设更加适宜的环境,我们开展本次专项调查。答案无对错之分,价值在于真实,请结合自己的大学生活经验填写,不用花太多时间思考,凭第一反应选择最符合自己的选项。对你填答的全部信息,课题组将予以保密。感谢你的合作与参与!

本问卷由美国印第安纳大学高等教育研究与规划中心提供,作者为 C. Robert Pace, George D. Kuh, 本问卷在中国的翻译、改编与使用经印第安纳大学高等教育研究与规划中心 George D.Kuh 教授授权,中文版翻译和编订:周作宇教授,北京师范大学教育学部（100875）。

未经许可，任何个人或机构不得复制和使用本问卷。

背景信息：

1. 年龄

A. 小于 18   B. 19—22   C. 23—35

D. 36—45   E. 45—55   F. 大于 55

2. 性别

A. 男   B. 女

3. 是否独生子女

A. 是   B. 否

4. 是否生长于单亲家庭

A. 是   B. 否

5. 婚姻状况

A. 未婚   B. 已婚

6. 年级

A. 大学一年级   B. 大学二年级   C. 大学三年级

D. 大学四年级   E. 其他

7. 生源地

A. 城市   B. 城镇   C. 农村

8. 你在学期间住在何处？

A. 学生宿舍   B. 租房   C. 自己家里

D. 父母家里   E. 亲戚家里

9. 你目前的政治面貌

A. 团员　　B. 中共党员（含预备）　C. 民主党派　　D. 群众

10. 你在学期间主要和谁住在一起？（请将符合的答案全部填入）

A. 没人，单独住　　B. 一个或更多的其他学生

C. 配偶或家属　　　D. 子女　　E. 父母　　F. 其他亲戚

G. 朋友，他们不是我所在学校的学生　　H. 其他人

11. 在你居住或工作的地方，或在附近，你是否有电脑可以处理你的学习课业？

A. 是　　B. 否

12. 在本校，到目前为止，你的绝大多数成绩为？

A. 90 及以上　　B. 80—89　C. 70—79

D. 60—69　　　　E. 60 以下

13. 下面这些学科领域哪些最能反映你的专业，或你所期望的专业？如果适合，你可填写一个或多个领域。

	A. 哲学	B. 经济学	C. 法学	D. 教育学	E. 文学	F. 历史学	G. 理学	H. 工学	I. 农学	J. 医学	K. 军事学	L. 管理学	M. 其他
目前专业													
期望专业													

14. 是否担任学校或班级干部？

A. 是　　B. 否

15. 你的民族情况？请选择合适的答案。

A. 汉族　　B. 藏族　　　C. 壮族　　　D. 回族

E. 苗族　　F. 蒙古族　G. 其他

16. 你父母的最高学历？

	A. 博士研究生	B. 硕士研究生	C. 大学本科	D. 大学专科	E. 高中及以下
父亲					
母亲					

17. 当你本科毕业后，或如果你本科毕业，你是否期望攻读更高一级的学位？

A. 是　　B. 否

18. 本学期你共修了多少学分？

A. 8 或更少　　B. 9—13　　C. 14—18

D. 19—23　　E. 24 或更多

19. 学校上课期间，通常你每周有多长时间用于与学业相关的课外活动，诸如研究、写论文、读书、实验及练习等？

A. 每周 5 小时或更少　　B. 6—10 小时　　C. 11—15 小时

D. 16—20 小时　　　　E. 21—25 小时　F. 26—30 小时

G. 多于 30 小时

20. 学校上课期间，你每周通常花多少时间用于打工，以获取报酬？

	A. 我没有打工	B. 每周 5 小时以内	C. 每周 6—10 小时	D. 每周 11—20 小时	E. 每周 21—30 小时	F. 每周 30 小时以上
校内打工						
校外打工						

21. 如果你在打工，你的课业会因此受多大影响？

A. 我没有打工　　　　　　　B. 打工并不影响我的课业

C. 打工占去我一些学习时间　D. 打工占去我许多学习时间

22. 你的兴趣爱好类别?

A. 学习类（与学校开设课程有关的爱好）　B. 业余类

23. 你如何支付你的大学费用? 请在答案中填上各种资助来源的大约数额。

	A. 没有	B. 很少	C. 一半少些	D. 一半	E. 一半多些	F. 全部或几乎全部
自己（工作，存款等）						
家长						
配偶或家属						
公司赞助						
奖学金及助学金						
贷款						
其他来源						

24. 你在大学期间谈过恋爱或正在谈恋爱吗?

A. 是　B. 不是

大学生学习活动参与质量量表

指导语：根据你在本大学本学年的经验，你是否经常从事下面的各项活动?

子量表的维度	选项设置
利用图书馆活动	从未→偶尔→经常→常常
利用计算机及信息技术	从未→偶尔→经常→常常
课程学习	从未→偶尔→经常→常常
写作经验	从未→偶尔→经常→常常
生师相处的经验	从未→偶尔→经常→常常

续表

子量表的维度	选项设置
参与美术音乐戏剧活动	从未 → 偶尔 → 经常 → 常常
利用校园设备	从未 → 偶尔 → 经常 → 常常
参与学生社团和组织活动	从未 → 偶尔 → 经常 → 常常
个人经历	从未 → 偶尔 → 经常 → 常常
同学交往	从未 → 偶尔 → 经常 → 常常
科学量化的经验	从未 → 偶尔 → 经常 → 常常
谈话话题	从未 → 偶尔 → 经常 → 常常
谈话中的信息	从未 → 偶尔 → 经常 → 常常

大学生感知的校园环境质量量表

指导语：学院及大学间的差异在于它们对学生各方面发展所强调的程度。想想你在本校的经验，你认为你所在的学校在多大程度上重视以下方面？回答范围从1—7，显示由低到高的不同程度，每个数字表示你对每一个项目在7点量标上的印象，请在7点量标中标明这种关系的质量。

子量表的维度	选项设置
对学术环境的重视程度	没人情味的、不相容的→ 1 2 3 4 5 6 7 →支持的、有帮助的
对实用环境的重视程度	没人情味的、不相容的→ 1 2 3 4 5 6 7 →支持的、有帮助的
人际环境支持程度	没人情味的、不相容的→ 1 2 3 4 5 6 7 →支持的、有帮助的

大学生学习收获测评量表

指导语：经过对你大学就读经验的反思，你觉得在下列各方面有多大程度的收获？在每项陈述右边的椭圆内，选取你的答案。

子量表的维度	选项设置
个人发展	很少→一些→多→很多
科学技术	很少→一些→多→很多
通识教育	很少→一些→多→很多
职业准备	很少→一些→多→很多
智慧能力	很少→一些→多→很多

你所在的学校：_____　　所在院系：_____

附录B:"中国大学生就读经验问卷"信效度检验相关表格

表3-4　利用图书馆活动程度量表的相关性及信度系数

	1	2	3	4	5	6	7	8
LIB 1	1							
LIB 2	.556**	1						
LIB 3	.416**	.498**	1					
LIB 4	.472**	.549**	.571**	1				
LIB 5	.472**	.586**	.433**	.559**	1			
LIB 6	.440**	.485**	.438**	.563**	.619**	1		
LIB 7	.373**	.460**	.466**	.512**	.505**	.600**	1	
LIB 8	.413**	.529**	.449**	.508**	.575**	.583**	.573**	1

注:** 代表在 0.01 水平(双侧)上显著相关,α =0.891。

表3-5　利用计算机及信息技术水平量表的相关性及信度系数

	1	2	3	4	5	6	7	8	9
COMPUT 1	1								
COMPUT 2	.553**	1							
COMPUT 3	.555**	.506**	1						
COMPUT 4	.448**	.528**	.564**	1					
COMPUT 5	.604**	.495**	.625**	.530**	1				
COMPUT 6	.262**	.389**	.344**	.430**	.337**	1			
COMPUT 7	.592**	.529**	.557**	.522**	.582**	.420**	1		
COMPUT 8	.453**	.467**	.493**	.524**	.472**	.499**	.675**	1	
COMPUT 9	.298**	.375**	.436**	.466**	.408**	.478**	.495**	.572**	1

注:** 代表在 0.01 水平(双侧)上显著相关,α =0.893。

表 3-6　课程学习参与量表的相关性及信度系数

	1	2	3	4	5	6	7	8	9	10	11	12
COURSE 1	1											
COURSE 2	-.129**	1										
COURSE 3	-.072**	.519**	1									
COURSE 4	-.021	.483**	.604**	1								
COURSE 5	.056**	.331**	.451**	.633**	1							
COURSE 6	.016	.391**	.442**	.560**	.567**	1						
COURSE 7	-.045**	.457**	.592**	.562**	.506**	.639**	1					
COURSE 8	-.041**	.438**	.437**	.477**	.439**	.522**	.552**	1				
COURSE 9	.003	.362**	.377**	.446**	.454**	.556**	.534**	.508**	1			
COURSE 10	-.016	.416**	.446**	.529**	.527**	.650**	.611**	.614**	.657**	1		
COURSE 11	-.014	.399**	.457**	.516**	.489**	.600**	.608**	.558**	.583**	.673**	1	
COURSE 12	-.016	.420**	.437**	.511**	.499**	.607**	.594**	.567**	.561**	.701**	.654**	1

注：** 和 * 分别代表在 0.01 和 0.05 水平（双侧）上显著相关，α =0.903。

表 3-7　写作经验参与量表的相关性及信度系数

	1	2	3	4	5	6	7
WRITE 1	1						
WRITE 2	.675**	1					
WRITE 3	.517**	.530**	1				
WRITE 4	.519**	.520**	.661**	1			
WRITE 5	.504**	.573**	.573**	.547**	1		
WRITE 6	.439**	.466**	.600**	.624**	.590**	1	
WRITE 7	.372**	.316**	.533**	.568**	.461**	.608**	1

注：** 代表在 0.01 水平（双侧）上显著相关，α =0.889。

表 3-8　师生交往经验量表的相关性及信度系数

	1	2	3	4	5	6	7	8	9	10
FAC 1	1									
FAC 2	.675**	1								
FAC 3	.660**	.785**	1							
FAC 4	.590**	.735**	.736**	1						
FAC 5	.625**	.657**	.691**	.665**	1					
FAC 6	.316**	.390**	.382**	.437**	.320**	1				
FAC 7	.523**	.619**	.631**	.637**	.555**	.462**	1			
FAC 8	.481**	.573**	.560**	.589**	.492**	.431**	.593**	1		
FAC 9	.484**	.496**	.514**	.519**	.564**	.337**	.543**	.507**	1	
FAC 10	.467**	.593**	.591**	.630**	.504**	.462**	.636**	.584**	.489**	1

注：** 代表在 0.01 水平（双侧）上显著相关，α =0.919。

表 3-9　参与美术、音乐、戏剧活动情况量表的相关性及信度系数

	1	2	3	4	5	6	7
AMT 1	1						
AMT 2	.745**	1					
AMT 3	.696**	.740**	1				
AMT 4	.678**	.672**	.630**	1			
AMT 5	.635**	.687**	.673**	.710**	1		
AMT 6	.583**	.644**	.670**	.654**	.738**	1	
AMT 7	.717**	.706**	.704**	.703**	.701**	.682**	1

注：** 代表在 0.01 水平（双侧）上显著相关，α =0.938。

表 3-10　校园设备使用情况量表的相关性及信度系数

	1	2	3	4	5	6	7	8
FACIL 1	1							
FACIL 2	.629**	1						
FACIL 3	.601**	.706**	1					
FACIL 4	.525**	.647**	.647**	1				
FACIL 5	.524**	.581**	.605**	.596**	1			
FACIL 6	.406**	.437**	.447**	.419**	.420**	1		
FACIL 7	.442**	.496**	.551**	.481**	.517**	.585**	1	
FACIL 8	.405**	.432**	.449**	.439**	.406**	.575**	.609**	1

注：** 代表在 0.01 水平（双侧）上显著相关，α =0.895。

表 3-11　参与学生社团和组织情况量表的相关性及信度系数

	1	2	3	4	5
CLUBS 1	1				
CLUBS 2	.795**	1			
CLUBS 3	.568**	.600**	1		
CLUBS 4	.557**	.630**	.629**	1	
CLUBS 5	.568**	.583**	.653**	.721**	1

注：** 代表在 0.01 水平（双侧）上显著相关，α =0.895。

表 3-12　个人经历量表的相关性及信度系数

	1	2	3	4	5	6	7	8
PERS 1	1							
PERS 2	.679**	1						
PERS 3	.619**	.593**	1					
PERS 4	.487**	.499**	.526**	1				
PERS 5	.558**	.528**	.569**	.564**	1			
PERS 6	.525**	.527**	.536**	.583**	.585**	1		
PERS 7	.524**	.517**	.536**	.507**	.482**	.555**	1	
PERS 8	.383**	.364**	.391**	.450**	.304**	.463**	.579**	1

注：** 代表在 0.01 水平（双侧）上显著相关，α =0.894。

表 3-13　同学交往质量量表的相关性及信度系数

	1	2	3	4	5	6	7	8	9	10	11	12
STACQ 1	1											
STACQ 2	.735**	1										
STACQ 3	.668**	.686**	1									
STACQ 4	.657**	.710**	.704**	1								
STACQ 5	.638**	.639**	.674**	.665**	1							
STACQ 6	.443**	.411**	.493**	.434**	.519**	1						
STACQ 7	.284**	.268**	.333**	.272**	.321**	.391**	1					
STACQ 8	.543**	.541**	.541**	.538**	.533**	.518**	.385**	1				
STACQ 9	.522**	.495**	.525**	.481**	.528**	.545**	.393**	.732**	1			
STACQ 10	.564**	.555**	.592**	.623**	.557**	.508**	.354**	.692**	.657**	1		
STACQ 11	.538**	.508**	.555**	.511**	.648**	.561**	.379**	.632**	.684**	.697**	1	
STACQ 12	.434**	.389**	.476**	.401**	.488**	.738**	.406**	.562**	.620**	.589**	.649**	1

注：** 代表在 0.01 水平（双侧）上显著相关，α=0.928。

表 3-14　科学和量化的经验量表的相关性及信度系数

	1	2	3	4	5	6	7	8	9	10
SCI 1	1									
SCI 2	.667**	1								
SCI 3	.613**	.717**	1							
SCI 4	.518**	.662**	.713**	1						
SCI 5	.568**	.656**	.699**	.698**	1					
SCI 6	.520**	.622**	.635**	.656**	.721**	1				
SCI 7	.487**	.601**	.651**	.654**	.718**	.783**	1			
SCI 8	.505**	.613**	.651**	.662**	.698**	.781**	.834**	1		
SCI 9	.535**	.628**	.690**	.690**	.716**	.725**	.765**	.771**	1	
SCI 10	.492**	.601**	.659**	.660**	.684**	.710**	.744**	.770**	.766**	1

注：** 代表在 0.01 水平（双侧）上显著相关，α=0.952。

表 3-15　谈话话题量表的相关性及信度系数

	1	2	3	4	5	6	7	8	9	10
CONTPS 1	1									
CONTPS 2	.699**	1								
CONTPS 3	.656**	.724**	1							
CONTPS 4	.572**	.695**	.660**	1						
CONTPS 5	.543**	.545**	.575**	.575**	1					
CONTPS 6	.500**	.551**	.529**	.582**	.424**	1				
CONTPS 7	.458**	.467**	.452**	.447**	.408**	.639**	1			
CONTPS 8	.557**	.637**	.592**	.613**	.456**	.661**	.557**	1		
CONTPS 9	.570**	.617**	.601**	.581**	.505**	.573**	.535**	.641**	1	
CONTPS 10	.564**	.674**	.608**	.655**	.477**	.607**	.482**	.679**	.700**	1

注：** 代表在 0.01 水平（双侧）上显著相关，α =0.930。

表 3-16　谈话中的信息量的相关性及信度系数

	1	2	3	4	5	6
CONINF 1	1					
CONINF 2	.677**	1				
CONINF 3	.692**	.638**	1			
CONINF 4	.644**	.690**	.677**	1		
CONINF 5	.634**	.604**	.653**	.630**	1	
CONINF 6	.616**	.677**	.626**	.662**	.664**	1

注：** 代表在 0.01 水平（双侧）上显著相关，α =0.918。

表 3-17　学生参与质量量表各维度间的相关性

	1	2	3	4	5	6	7	8	9	10	11	12	13
QELIB	1												
QECOMPUT	.498**	1											
QECOURSE	.498**	.900**	1										
QEWRITE	.541**	.665**	.665**	1									
QEFAC	.535**	.594**	.594**	.650**	1								
QEAMT	.391**	.531**	.531**	.541**	.553**	1							
QEFACIL	.484**	.595**	.595**	.577**	.605**	.568**	1						
QECLUBS	.388**	.452**	.452**	.491**	.548**	.473**	.626**	1					
QEPERS	.406**	.551**	.551**	.560**	.546**	.544**	.637**	.541**	1				
QESTACQ	.406**	.550**	.550**	.554**	.586**	.585**	.638**	.566**	.669**	1			
QESCI	.452**	.482**	.482**	.553**	.588**	.404**	.576**	.504**	.522**	.609**	1		
QECONTPS	.448**	.553**	.553**	.573**	.565**	.593**	.607**	.503**	.632**	.671**	.621**	1	
QECONINF	.480**	.602**	.602**	.599**	.596**	.538**	.617**	.493**	.643**	.649**	.618**	.776**	1

注：** 代表在 0.01 水平（双侧）上显著相关。

表 3-18　学生感知的校园环境量表的相关性及信度系数

实践能力（ENVPF）					博学程度（ENVS）			
	1	2	3	4		1	2	3
ENVDIV	1				ENVSCH	1		
ENVINFO	.775**	1			ENVESTH	.753**	1	
ENVVOC	.779**	.809**	1		ENVCRIT	.814**	.819**	1
ENVPRAC	.797**	.797**	.861**	1	α=0.921			
α=0.942								
人际关系（ENVPR）								
	1	2	3					
ENVSTU	1							
ENVADM	.522**	1						
ENVFAC	.550**	.632**	1					
α=0.795								

注：** 代表在 0.01 水平（双侧）上显著相关。

表 3-19　学生感知的校园环境质量量表各维度间的相关性

	ENVS	ENVPF	ENVPR
ENVS	1		
ENVPF	.907**	1	
ENVPR	.444**	.452**	1
注：** 代表在 0.01 水平（双侧）上显著相关。			

表 3-20　学习收获质量量表的相关性及信度系数

个人发展（GNPD）	1	2	3	4	5	6		科学技术（GNST）	1	2	3	4
GNVALUES	1							GNSCI	1			
GNSELF	.71	1						GNTECH	.81	1		
GNOTHERS	.67	.75	1					GNCONSQ	.79	.81	1	
GNTEAM	.66	.72	.77	1				GNQUANT	.72	.70	.73	1
GNHEALTH	.56	.59	.60	.60	1			α=0.929				
GNADAPT	.63	.67	.66	.68	.59	1						
α=0.921												
通识教育（GNGE）	1	2	3	4	5	6		职业准备（GNVP）	1	2	3	
GNGENLED	1							GNVOC	1			
GNARTS	.59	1						GNSPEC	.77	1		
GNLIT	.60	.71	1					GNCAREER	.71	.73	1	
GNHIST	.62	.62	.70	1				α=0.895				
GNWORLD	.59	.62	.71	.69	1							
GNPHILS	.52	.55	.59	.59	.60	1						
α=0.908												
智慧能力（GNIS）	1	2	3	4	5	6						
GNWRITE	1											
GNSPEAK	.66	1										
GNCMPTS	.52	.60	1									
GNANALY	.58	.64	.59	1								
GNSYNTH	.51	.53	.47	.65	1							
GNINQ	.56	.62	.58	.71	.60	1						
α=0.895												
注：各模块的题项都在 0.01 水平（双侧）上显著相关。												

表 3-21　学习收获质量量表各维度间的相关性

	GNPD	GNSY	GNGD	GNVP	GNIS
GNPD	1				
GNST	.761**	1			
GNGE	.754**	.710**	1		
GNVP	.745**	.687**	.756**	1	
GNIS	.884**	.817**	.807**	.778**	1

注：** 代表在 0.01 水平（双侧）上显著相关。

表 3-22　中国大学生就读经验问卷三大模块之间的相关性

	GAINF	QES	ENVIF
GAINF	1		
QES	.658**	1	
ENVIF	.592**	.402**	1

注：** 代表在 0.01 水平（双侧）上显著相关。

表 3-23　大学生参与质量量表各项目的因素负荷量

利用图书馆活动		利用计算机及信息技术		写作经验		参与音乐、美术和戏剧活动	
LIB 1	.504	COMPUT 1	.649	WRITE 1	.639	AMT 1	.750
LIB 2	.608	COMPUT 2	.535	WRITE 2	.694	AMT 2	.763
LIB 3	.597	COMPUT 3	.614	WRITE 3	.675	AMT 3	.737
LIB 4	.627	COMPUT 4	.582	WRITE 4	.702	AMT 4	.721
LIB 5	.652	COMPUT 5	.637	WRITE 5	.637	AMT 5	.732
LIB 6	.626	COMPUT 6	.509	WRITE 6	.675	AMT 6	.709
LIB 7	.567	COMPUT 7	.691	WRITE 7	.623	AMT 7	.766
LIB 8	.593	COMPUT 8	.654				
		COMPUT 9	.564				
课程学习		生师交往		同学交往		谈话话题	
COURSE 1	.730	FAC 1	.632	STACQ 1	.698	CONTPS 1	.661
COURSE 2	.492	FAC 2	.740	STACQ 2	.712	CONTPS 2	.752

续表

COURSE 3	.537	FAC 3	.753	STACQ 3	.691	CONTPS 3	.692
COURSE 4	.624	FAC 4	.743	STACQ 4	.707	CONTPS 4	.693
COURSE 5	.575	FAC 5	.693	STACQ 5	.678	CONTPS 5	.634
COURSE 6	.643	FAC 6	.385	STACQ 6	.612	CONTPS 6	.662
COURSE 7	.668	FAC 7	.641	STACQ 7	.405	CONTPS 7	.519
COURSE 8	.571	FAC 8	.573	STACQ 8	.647	CONTPS 8	.689
COURSE 9	.551	FAC 9	.534	STACQ 9	.660	CONTPS 9	.655
COURSE 10	.690	FAC 10	.629	STACQ 10	.678	CONTPS 10	.709
COURSE 11	.636			STACQ 11	.673		
COURSE 12	.640			STACQ 12	.673		
校园设备		个人经历		科学和量化的经验			
FACIL 1	.598	PERS 1	.670	SCI 1	.635		
FACIL 2	.654	PERS 2	.655	SCI 2	.665		
FACIL 3	.683	PERS 3	.653	SCI 3	.702		
FACIL 4	.608	PERS 4	.583	SCI 4	.691		
FACIL 5	.613	PERS 5	.618	SCI 5	.735		
FACIL 6	.606	PERS 6	.615	SCI 6	.748		
FACIL 7	.664	PERS 7	.639	SCI 7	.775		
FACIL 8	.592	PERS 8	.613	SCI 8	.776		
				SCI 9	.764		
				SCI 10	.734		
谈话中的信息		参与学生社团组织					
CONINF 1	.713	CLUBS 1	.774				
CONINF 2	.718	CLUBS 2	.802				
CONINF 3	.717	CLUBS 3	.674				
CONINF 4	.719	CLUBS 4	.722				
CONINF 5	.685	CLUBS 5	.729				
CONINF 6	.701						
提取方法：主成分分析。							

表 3-24 学生感知的校园环境质量量表各项目的因素负荷量

学术环境 (Scholarly)		实用环境 (Practical Factor)		人际环境 (Personal Relations)	
ENVIF 1	.805	ENVIF 4	.847	ENVIF 8	.663
ENVIF 2	.780	ENVIF 5	.798	ENVIF 9	.726
ENVIF 3	.851	ENVIF 6	.819	ENVIF 10	.748
		ENVIF 7	.827		
提取方法：主成分分析。					

表 3-25 学习收获质量量表各项目的因素负荷量

个人发展 (Personal Development)		通识教育 (General Education)		智慧能力 (Intellectual Skills)	
GAINF 13	.693	GAINF 3	.657	GAINF 9	.695
GAINF 14	.744	GAINF 5	.691	GAINF 10	.683
GAINF 15	.745	GAINF 6	.768	GAINF 11	.608
GAINF 16	.752	GAINF 7	.714	GAINF 21	.736
GAINF 17	.581	GAINF 8	.727	GAINF 23	.579
GAINF 25	.716	GAINF 12	.558	GAINF 24	.703
科学技术 (Science and Technology)		职业准备 (Vocational Preparation)			
GAINF 18	.808	GAINF 1	.627		
GAINF 19	.806	GAINF 2	.620		
GAINF 20	.812	GAINF 4	.666		
GAINF 22	.757				
提取方法：主成分分析。					

附录 C: 大学生学习活动质量及其影响因素专访（提纲）

亲爱的同学：

你好，非常感谢你接受我们的书面专访，为深入了解大学生学习活动质量状况及其影响因素，"中国大学生就读经验调查"课题组特开展此次专访，请你根据你在大学学习的切身体验回答下列问题，你的认真回答是我们获得真实数据、进行科学研究的基础，本次调查为不记名调查，调查结果只做研究分析之用，你不必有任何心理负担，谢谢你对我们工作的大力支持！

1. 请简要谈一下你对"学习活动"的认识，你判断学习活动质量高低的标准是什么，你认为你在学校的学习活动质量如何？

2. 请结合你的学习经验，对你在下列 13 种相关学习活动类型中的参与程度和努力程度高低进行排序，你为什么在 ×××（哪 3 种类型）学习活动中的参与程度较高？为什么在 ×××（哪 3 种类型）中较低？

学习活动类型	排序（序号 1—13）	原因
利用图书馆		
利用计算机及信息技术		
课程学习		
写作经验		
生师相处经验		
参与美术音乐戏剧		

续表

学习活动类型	排序（序号1—13）	原因
利用校园设备		
学生社团和组织		
个人经历		
同学交往		
科学和量化的经验		
谈话话题		
谈话中的信息		

3. 请结合你的学习效果，对你在参与下列13种相关学习活动类型之后产生的学习收获的大小进行排序，你为什么认为参与过×××（哪三种类型的学习活动）产生的学习收获最大？为什么在×××（哪三种类型的学习活动）上较低？

学习活动类型	排序（序号1—13）	原因
利用图书馆		
利用计算机及信息技术		
课程学习		
写作经验		
生师相处经验		
参与美术音乐戏剧		
利用校园设备		
参与学生社团和组织		
个人经历		
同学交往		
科学和量化的经验		
谈话话题		
谈话中的信息		

4.你认为以上整体的学习活动质量，在下面5个变量上与其他人相比存在不同吗？具体存在什么不同呢，请简要说明原因。

要素	维度	有无差异	什么差异	简要说明原因
性别	男；女			
是否为独生子女	独生；非独生			
年级	大一；大二；大三；大四			
生源地	城市；城镇；农村			
父母亲最高学历	博士；硕士；本科；专科；高中及以下			

5.请结合你的经验，你认为下列各要素哪些对学生的学习活动质量有影响？如果你认为有影响，你认为在各要素内哪种类型的大学生学习活动质量较高，哪种类型的学习活动质量较低？你为什么这么认为呢？请简要说明原因。

客观个体变量	维度	有无影响	排序	简要说明原因
年级	大一；大二；大三；大四			
生源地	城市；城镇；农村			
是否为学生干部	是；否			
是否继续深造	是；否			
兴趣爱好类别	与学校开设课程相关的爱好；业余类兴趣			
大学期间是否恋爱	是；否			

6.请结合你的大学学习经历，你觉得学校对以下3种环境的重视程度对你的学习活动质量有影响吗？有什么样的影响？请简要说明。

感知的校园环境变量	有无影响	有什么样的影响？
学校对学术环境重视		
学校对实用环境重视		
学校对人际环境重视		

7. 请结合你的经验，你认为题项 5 中各因素整体和题项 6 中各因素整体，哪个对大学生学习活动质量的影响更大，你为什么这么认为？请简要说明。

附录 D：访谈对象基本信息

序号	编码	性别	年级	专业	访谈方式	学校性质	生源地
1	A1	男	大一	印刷与包装工程	网络	工科类	农村
2	A2	女	大一	人力资源管理	面谈	财经类	城镇
3	A3	男	大一	计算机科学与技术	面谈	工科类	城市
4	A4	男	大一	材料科学与工程	面谈	工科类	农村
5	A5	女	大一	国际汉语教育	网络	语言类	城市
6	B1	男	大二	工业设计	面谈	工科类	农村
7	B2	男	大二	园艺学	面谈	农业类	城镇
8	B3	男	大二	动物医学	面谈	农业类	农村
9	B4	女	大二	临床医学	面谈	医药类	城镇
10	B5	女	大二	基础医学	面谈	医药类	农村
11	B6	女	大二	体育教育	网络	体育类	城镇
12	B7	男	大二	过程装备与控制工程	网络	理工类	城市
13	B8	男	大二	国际经济与贸易	网络	理工类	城市
14	B9	女	大二	教育学	面谈	师范类	农村
15	B10	女	大二	小学教育	面谈	师范类	城市
16	B11	女	大二	计算机科学与技术	面谈	师范类	农村
17	B12	男	大二	舞台灯光设计	邮件	艺术类	城市
18	B13	男	大二	舞台表演	邮件	艺术类	城镇
19	C1	女	大三	音乐表演	邮件	艺术类	城市
20	C2	女	大三	世界史	面谈	师范类	城镇
21	C3	男	大三	中国史	面谈	师范类	农村
22	C4	女	大三	生物科学与工程	面谈	工科类	城镇
23	C5	男	大三	游戏设计	面谈	艺术类	城市
24	C6	女	大三	影视技术	面谈	艺术类	城市

续表

序号	编码	性别	年级	专业	访谈方式	学校性质	生源地
25	C7	女	大三	物联网工程	面谈	工科类	城市
26	C8	男	大三	新闻出版	网络	工科类	农村
27	C9	女	大三	新闻出版	网络	工科类	城市
28	C10	男	大三	生物科学与工程	面谈	工科类	城镇
29	C11	男	大三	机械制造及其自动化	面谈	工科类	城市
30	C12	男	大三	数字媒体技术	面谈	工科类	城市
31	D1	男	大四	导演	面谈	艺术类	城市
32	D2	女	大四	化妆造型设计	面谈	艺术类	城市
33	D3	男	大四	经济学	网络	财经类	城镇
34	D4	男	大四	劳动与社会保障	网络	财经类	农村
35	D5	女	大四	环境科学	面谈	工科类	农村
36	D6	男	大四	城市规划	面谈	工科类	城市
37	D7	男	大四	电子科学与技术	面谈	工科类	城镇
38	D8	女	大四	国际汉语教育	网络	语言类	城市
39	D9	女	大四	化学工程与工艺	网络	理工类	农村
40	D10	女	大四	能源与动力工程	网络	理工类	城市

后 记

从学习活动的视角，探讨提升大学生学习活动质量的实践路径，对于提高大学人才培养质量乃至高等教育质量，推进高等教育强国建设具有重要意义。本研究在科学理论分析框架的指导下，基于对大学生学习活动质量基本状况与影响因素的实证分析，提出了大学生学习活动质量的提升路径，对于大学全面深化教育综合改革、优化人才培养体系、提高人才培养质量具有重要参考价值。

对大学生学习活动相关问题的思考始于我硕士在读期间。当时，有幸参与了导师李庆丰教授主持的北京市教育科学"十二五"规划年度重点课题（优先关注）"北京市属高校本科教学现状及改进策略调查研究"（课题批准号：ADA15161）。在做课题时，我一直在思考，到底拿什么标准来观测大学本科教学状况？当时我国高等教育教学评估已经开始由关注教师的"教"转向了学生的"学"，更加强调学生在大学期间的实际学习状况。经过较长时间的思考和研究，我将"本科教学状况"

的思考重点逐渐转到了"学生学习活动"上，并带着自己的思考一直研究至今。其间，我不断收集相关文献资料，并对大学生学习活动质量状况及影响因素进行了问卷调查和质性访谈，为研究奠定基础。

参加工作后，我有幸获批立项国家社会科学基金教育学青年课题"高水平应用型大学的建设内涵与实施路径研究"（课题批准号：CIA210276）。由于我一直在思考大学生学习活动相关问题，这就使得我在该课题的研究中，不停地反思着高水平应用型大学建设与大学生学习活动之间的关系。经过一段时间的思考，我逐渐明确——只有促使大学生形成较高的学习活动质量，高水平应用型大学建设才是"有源之水，有本之木"。卓越的人才培养质量是高水平应用型大学的重要特征。鉴于此，在该课题的研究过程中，我专门拿出一部分时间在已有思考和研究的基础上进行补充完善，在这期间又添加了许多文献和访谈资料，也对一些具体的问题形成了新的看法，本研究是我近十年思考和研究的综合呈现。

本研究从想法到框架再到撰写成文，要感谢很多师友和相关单位领导的指导与支持。感谢恩师李庆丰教授对全书框架的指导，以及对其中重要思想和观点的启发，全书虽由我撰写，但其间无不闪烁着恩师的智慧，感谢恩师的悉心栽培。在问卷数据收集中，感谢北京地区 13 所大学相关领导的鼎力支持，虽然由于研究伦理问题不能列出这些学校和领导的名字，但感恩之情深存心底。在质性访谈开展中，感谢 40 位同学的无私支持，正是这些同学敞开心扉的真诚交流，为本研究增添了许多鲜活的故事，使我们能够深入地了解相关情况。本研究在撰写中也参阅了大量政策文件，参考及引用了许多前辈和同行的相关研究成果，在此一并致以诚挚的谢意！同时，本研究的顺利出版得益于中国言实出版社的大力支持，感谢出版社领导及各位编辑老师为本研究出版付出的辛劳！

　　本研究是我基于已有相关研究成果，对大学生学习活动质量相关问题进行的浅薄思考。由于识见、资历所限，行文欠妥之处，恳请各位同行批评指教。

2024 年 3 月于陕师大田家炳教育书院